Das Werktor

Architektur
der
Grenze

Das Werktor

Architektur der Grenze

Herausgegeben von
Uwe Drepper

Mit Beiträgen von
Jörg Becker, Uwe Drepper, Jens Eschrich, Peter Funken, Katharina Semmler, Werner Siebel, Georg Wasmuth, Ulrich Wengenroth, Ute Ziegler und Siegfried Zielinski

Prestel

Diese Publikation erschien anläßlich der Ausstellung ›Das Werktor. Grenze zwischen Arbeit und Freizeit‹ im Deutschen Hygiene-Museum, Dresden (29.11.1991–26.4.1992)

Das Projekt ›Das Werktor‹ wurde durch das Siemens Kulturprogramm gefördert

Der Dank des Herausgebers richtet sich an alle, die an der Vorbereitung des Projektes ›Das Werktor‹ – als Ausstellung wie als Buch – mitgewirkt haben. Die Realisierung wurde ermöglicht durch das Engagement der Siemens-Kultur-Abteilung und Florian Müller. Gedankt sei insbesondere auch Dr. Martin Roth, dem Direktor des Deutschen Hygiene-Museums in Dresden, der ersten Station der Ausstellung, wo in großem Umfang mit Originalexponaten gearbeitet und eine eigene Ausstellungsarchitektur realisiert werden konnte.

Für die Unterstützung und Mitarbeit durch Recherche, Ideen und die Beschafffung von Bildvorlagen sei folgenden Personen und Institutionen gedankt: Architectural Association Slide Library, London, Mariam Bayat-Makou, Voxi Bärenklau, Beamish Museum, Wolfgang Bischoff, Margarete Bronner, Michaela Buescher, Ildikó Deli, DeTeWe, Deutsches Bergbaumuseum, Bochum, Deutscher Schutz- und Wachdienst GmbH, Madelone Flemminger, Friedhelm Steinen, Günter Gerstenberg, Isabel Heene, Karsten Hintz, Andreas Horlitz, Institut für die Geschichte der Arbeiterbewegung, Berlin, Harald Juch, Dr. Ingrid Krau, Angelika Ludwig, Mannesmann Demag AG, Museum of London, The National Museum of Labour History, Manchester, Isolde Nist, Waldemar Pfeifer, Markus Schell, Gerhard Schlenzig, Jörg Schmalfuß, Walter Ullmann, Uli Walter.

Die Gesamtbetreuung des Projekts lag bei büro west: Uwe Drepper, Georg Wasmuth und Ute Ziegler unter Mitarbeit von Jens Eschrich. Die graphische Gestaltung der Ausstellung besorgte Sabine Wirsing. Uwe Drepper und Ute Ziegler oblag unter Mitarbeit von Jens Eschrich die redaktionelle Vorbereitung des Katalogs.

Auf dem Umschlag: AEG-Werk in Berlin-Wedding (siehe S. 8/9)
Frontispiz: Arbeitsschluß bei den Opel-Werken in Rüsselsheim, um 1955 (Foto von Heinz Hering)

Photonachweis Seite 143 f.

Die Deutsche Bibliothek – CIP-Einheitsaufnahme

Das Werktor: Architektur der Grenze / hrsg. von Uwe Drepper.
Mit Beiträgen von Jörg Becker u.a. – München: Prestel, 1991
NE: Drepper, Uwe (Hrsg.); Becker, Jörg

Reproduktionen: Repro Karl Dörfel GmbH, München
Satz, Druck und Bindung: Bosch-Druck, Landshut / Ergolding
Printed in Germany

ISBN 3-7913-1180-8

Inhalt

Ein Vorwort

Das Werktor ist der Eingang in die Fabrik. Seine Architektur ist sowohl baugeschichtlich als auch gesellschaftlich und politisch determiniert. Alltäglich wird nicht nur eine fast unbeachtete Grenze zwischen öffentlichem und privatem Raum passiert. Auch der Mensch mutiert auf wunderbare Weise: Er unterwirft sich verschiedenen Gesetzen, zieht sich jeweils um, verändert seine Sprache und lenkt seine Gedanken in andere Bahnen.

Das Werktor ist inszenierter, theatralisch überhöhter Ausdruck dieses Übergangs; zugleich gebautes Dokument industrieller Arbeitsorganisation – vom Triumphbogen zum Lobbyentrée, von der Repression zur Identifikation. Das Werktor ist Zugang und Eingang zur Industriearchitektur im Wandel.

Das Werktor ist auch sozialer Filter. Kapitalist und Arbeiter dürfen es durchschreiten – oft durch standesgerecht separierende Eingänge –, wenn auch mit ganz unterschiedlichem Gefühl, nach Karl Marx (Das Kapital, 1867). ». . . der eine bedeutungsvoll schmunzelnd und geschäftseifrig, der andere scheu, widerstrebsam, wie jemand, der seine eigene Haut zu Markt getragen und nun nichts anderes zu erwarten hat als die – Gerberei«.

Das Buch und die Ausstellung ›Das Werktor‹ folgen unterschiedlichen Konzepten. Die Ausstellung trägt den Untertitel ›Grenze zwischen Arbeit und Freizeit‹. Sie ist eine Analyse, die Einzelaspekte des Geschehens am Werktor mit unterschiedlichen Sichtweisen – architektonischen oder sozialen – unterlegt. Dabei ergeben sich bildhafte Thesen, die Alltägliches, oft Unbeachtetes, in neue Zusammenhänge stellen.

Das Buch trägt den Untertitel ›Architektur der Grenze‹. Es analysiert das Konstrukt ›Werktor‹ im historischen Wandel aus der Perspektive verschiedenster Disziplinen, von der Architekturgeschichte über die Industriesoziologie bis zur Kommunikationswissenschaft. Architektur wird dabei sowohl als Konstruktion aus realem Baumaterial als auch aus gesellschaftlichen oder wahrnehmungsspezifischen Determinanten aufgefaßt. Die Tatsache, daß das Werktor in der Geschichtsbetrachtung bislang ausgespart blieb, bietet die Möglichkeit, Entwicklungslinien aus neuer Perspektive zu überprüfen.

In der Einschätzung der möglichen Weiterentwicklung kommen die einzelnen Autoren zu unterschiedlichen Ergebnissen. Während die Industriegesellschaft bisher gerade durch die Ausgrenzung der Arbeit aus dem gesellschaftlichen Kontext gekennzeichnet ist, führen heute Vernetzung und Reintegration der Sphären in die postindustrielle Gesellschaft. Tendenziell – so scheint es – fallen die Grenzen. Real werden sie unsichtbar hochtechnisiert. Diesen Widerspruch vermag ein Buch nur zu beschreiben, aber nicht aufzulösen.

Uwe Drepper

Werktore:
Eine Bildanthologie

Kleinmotorenfabrik der AEG
in Berlin-Wedding, erbaut von
Peter Behrens 1910–11.
Schichtwechsel am Tor 3
in der Voltastraße, November 1912

Gaswerk in Beverley, England, 1825

Priest-Royd-Eisenhütte
in Huddersfield, England, 1835

Rechts:
West India Import Dock
in London, 1800–02

THE
WEST INDIA
IMPORT DOCK BEGAN
12TH JULY 1800:
OPENED FOR BUSINESS 1st SEPt 1802.
THE OLD GATEWAY - WEST INDIA DOCK

Rechts:
East India Dock in London, 1806

Pelzfabrik Alaska Fur Company
in Bermondsey bei London, 1869

SHED & WAREHOUSE
TO LET
DOCK

Arkadenhalle des Borsigwerks
in der Chausseestraße, Berlin, erbaut
von Johann Heinrich Strack 1860

Wollspinnerei Alfred Motte & Cie
in Roubaix, Frankreich, 1879

Baumwollspinnerei Lamartin
in Hellemmes, Frankreich, 1881

Schlachthof in Budapest, 1875

Gußstahlfabrik Friedrich Krupp in Essen; das Werktor
um 12 Uhr mittags (Portier II), Foto von 1907

Castles Shipbreaking Company
in Millbank bei London, um 1860

Kohlezeche in Frankreich, um 1879

Blanchisserie de Grenelle in Paris, um 1890/1900

Kraftwerk in Budapest (Ostfassade), um 1900

Urquellbrauerei in Pilsen, 1892

Links oben:
Weberei Grolman in Lodz, 1860–70

Links unten:
Kraftwork in Budapest (Westfassade), um 1900

Rechts: Brauerei Höpfner in Karlsruhe, erbaut von Johann Hantschel 1896

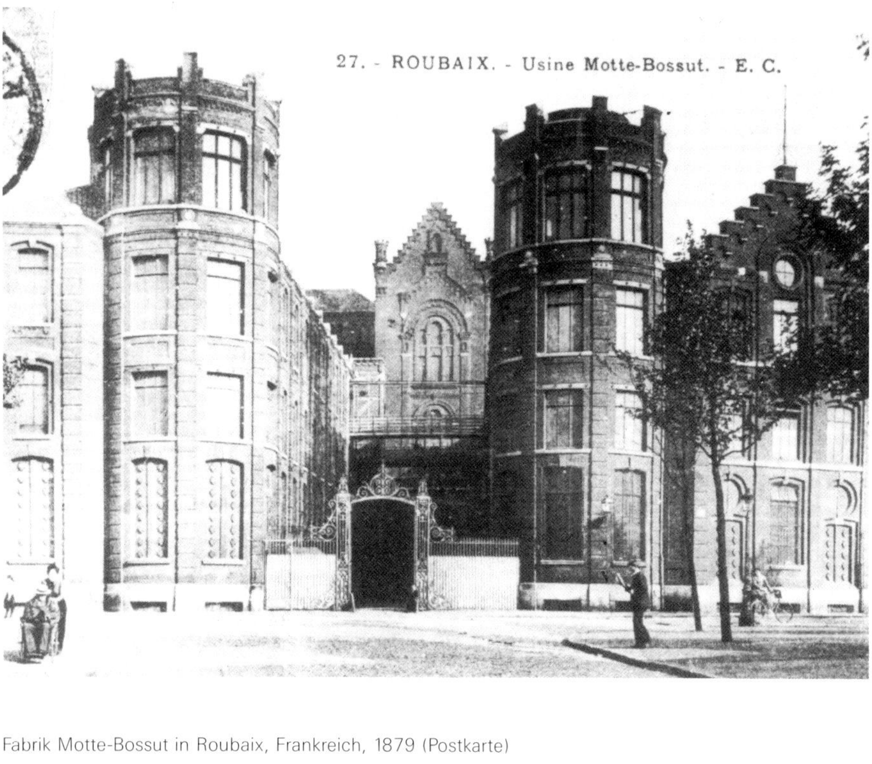

Fabrik Motte-Bossut in Roubaix, Frankreich, 1879 (Postkarte)

42

Rechts: Tor 1 der AEG in Berlin-Wedding,
erbaut von Franz Schwechten 1896

Lokomotiv- und Maschinenfabrik Borsig in Berlin-Tegel,
erbaut von Konrad Reimer und Friedrich Körte 1897

Fahrzeugfabrik F.G. Dittmann in Berlin,
erbaut von Bruno Buch 1913–14

Pforte IV der Bayer-Werke in Leverkusen, 1914

Arbeitereingangshalle
des Ullstein Verlagshauses
in Berlin, 1926

Torwärterhaus und
Arbeitereingang
des Ullstein Verlagshauses
in Berlin, erbaut von
Eugen G. Schmohl, 1926

Rechts:
Arbeitereingang des
Ullstein Verlagshauses
in Berlin

Kosmetikfabrik Schwarzkopf GmbH in Berlin,
erbaut von Carl Mackensen 1929–30

Rechts:
Brauerei La Grande Brasserie in Lille,
Frankreich, um 1900

LA GRANDE
BRASSERIE

Schuhleistenfabrik Fagus GmbH in Alfeld / Leine,
erbaut von Walter Gropius 1924

Südtor der Bayerischen Motorenwerke in München,
erbaut von Otto Orlando Kurz 1933

Rechts: Zeche Zollverein in Essen-Katernberg,
erbaut von Schupp und Kremmer 1930

Flugzeugwerk Heinkel in Oranienburg,
erbaut von Herbert Rimpl 1938

Zollverein
Schacht Albert Vögler

Porzellanfabrik Rosenthal in Selb,
erbaut von Walter Gropius 1967

ROSENTHAL
AM ROTHBÜHL

Martin & Pagenstecher in Köln-Mülheim, 50er Jahre

Meiereizentrale Nordmark in Hamburg, um 1955

Rechts u. unten: Stahlwerk Dunai Vasmü
in Dunaiyvaros, Ungarn, 1955

Werk für Fernsehelektronik
in Berlin-Köpenick, um 1985

Rechts:
Maschinenfabrik der Bayerischen Motorenwerke
in Berlin-Spandau, um 1985

Nebeneingang der MAN
im Hamburger Freihafen, um 1960

Rolltor, System Wego, 1990

Leibold-Heräus
in Stuttgart, erbaut von
Behnisch und Partner
1989

Südtor der Bayerischen Motorenwerke in München,
erbaut von Koch Benedek und Partner 1984

Das Werktor

Architekturgeschichte
Arbeit am Tor
Leben nach der Uhr
Zwei Betriebe und ihre Tore
Medium und Grenze

Das Werktor: Zugang zur Welt der Arbeit

Uwe Drepper

1 AEG, Berlin-Wedding:
Einfahrt und Arbeitertor an der Voltastraße
zu Beginn der Mittagspause, 1906.

Es findet kaum Beachtung, und doch steht es auf der wichtigsten Grenze unserer Gesellschaft: das Werktor. Es kontrolliert die Verbindung zwischen der Welt der Arbeit und der Freizeit, der Produktion und der Reproduktion im Sinne der Wiederherstellung der Ware Arbeitskraft. Durch das Tor tritt der Passant ein in andere Vertragsverhältnisse, in eine Welt reglementierten Zeitablaufs. Diese alltägliche Erfahrung transformiert sich gesellschaftlich zu einem inneren, geistigen Wandel im Wechsel zwischen den Sphären.

Mit der Industrialisierung wurde die Arbeit aus dem integrierten Gesamtleben ausgegrenzt. Am Werktor wird dieser gesellschaftliche Entschluß schließlich in allen seinen Konsequenzen konkret. Die Tatsache, daß sich die folgenreiche Entscheidung, Arbeit und Freizeit zu trennen, nicht einvernehmlich, sondern durch die Entwicklung der Produktionsweisen und die Bedingungen der Arbeitsorganisation zwangsläufig ergeben hat, läßt das Werktor auch zu dem Ort werden, an welchem politische Auseinandersetzungen ausgetragen werden. Die Architektur des Werktores ist Ausdruck dieser komplexen Zusammenhänge.

Das Werktor funktioniert als Filter zwischen Sphären unserer Gesellschaft; alles, was sich hinein- oder hinausbewegt, wird kontrolliert. Im Laufe der Geschichte änderte sich das Profil der Kontrollfunktionen: Die Produktion wie die gesellschaftlichen Verhältnisse befinden sich in einem ständigen Wandel. Auch die Risiken, daß Kontrollen unterlaufen werden, sind heute andere als zu der Zeit, in der das Werktor entstand.

2 Fabrikgebäude der AEG in der Ackerstraße, 1889.

3 Tor 1, der ›Beamteneingang‹ der AEG in der Brunnenstraße; erbaut von Franz Schwechten 1896.

Die Geschichte eines Tores

Bei Recherchen zum Thema Werktor verweisen Angesprochene aller Fachrichtungen mit eigentümlicher Regelmäßigkeit immer auf dasselbe Bauwerk: das Tor zum AEG-Werk in Berlin (1896 erbaut); als nächstes wird das Tor der Borsig-Werke, ebenfalls in Berlin, genannt, das nur zwei Jahre nach dem AEG-Tor als variierende Kopie errichtet worden ist (Abb. S. 24 f.). Wird dann nicht über ein konkretes Projekt gesprochen, ist die Bildassoziation zu Ende. Verwiesen wird auf die Vielzahl sicher noch aufzufindender Beispiele.

Doch die Suche nach Information und Bildern zu Werktoren ist schwierig. In Bild- und Firmenarchiven werden bevorzugt Repräsentationsbauten von Firmen gezeigt: in der Regel die Verwaltungsbauten. Oft wird auch ein Blick auf die eigentliche Fabrikation und das Produkt geboten. Doch die Werktore finden kaum Raum. Sie werden vielmehr aus der Darstellung verdrängt, sind sie doch Ausdruck der delikaten Kontrolle von Arbeitgeber über Arbeitnehmer.

Auch Archive, die sich mit der Geschichte der Arbeit oder der Arbeiter beschäftigen, verfügen nur über wenig Material. Zum einen hat sich – in Deutschland – kaum eine authentische Arbeiterkultur entwickelt, zum anderen steht für den Arbeiter nicht die Architektur im Mittelpunkt des Interesses, sondern – bezogen auf das Werktor – der Arbeitskonflikt, der in der Regel vor dem Tor und über die Grenze zur Fabrik ausgetragen wird.

Das AEG-Tor bildet eine Ausnahme. In seiner fast hundertjährigen Geschichte ist es das in den verschiedensten Quellen bestens dokumentierte Werktor. Es hat einen sehr hohen Bekanntheitsgrad und ist allein dadurch zum prototypischen Werktor geworden.

4 Festschmuck des Tores 1 anläßlich der Silberhochzeit von Kaiser Wilhelm II. und Kaiserin Auguste Victoria, 1906.

5 Illumination anläßlich des 48-jährigen Geburtstages von Kaiser Wilhelm II. am 27. Januar 1907.

Die ›Allgemeine Elektrizitäts Gesellschaft‹ hat ihr Stammwerk seit 1883 im Berliner Arbeiterbezirk Wedding.[1] Die Produktionsanlagen wurden nach den neuesten – amerikanischen – Erkenntnissen errichtet. Die AEG wertete die Erfindungen von Thomas Alva Edison aus und stellte Apparate und Kleinmotoren her. Schnell expandierte das Unternehmen, es wurde ein Großbetrieb und bebaute bald ein großes Gelände mit Fabrikationsgebäuden.

Die erste Generation der Zugänge zur Fabrik bestand teils aus Öffnungen in Bretterzäunen (Abb. 1), teils aus traditionellen Metalltoren vor Fabrikhöfen (Abb. 2). Das Zusammenwachsen des Komplexes in Etappen spiegelt sich in der Vielzahl seiner Zugänge. Schon 1894 wurde ein zentrales Haupttor als Zugang für das Gelände bei einem Architekten in Auftrag gegeben. Paul Tropp plante eine bescheidene Anlage, die beim Firmengründer Emil Rathenau keinen Anklang fand. Rathenau zog den königlichen Baurat Franz Schwechten hinzu, dessen Entwurf 1896 zur Ausführung kam (Abb. 3).

Die Toranlage ist aus rotem Backsteinmauerwerk in neugotischen Formen ausgeführt. Ein großes Tor in Form eines Spitzbogens wird von zwei Türmen flankiert. Die Öffnung des Spitzbogens dient dem Fahrverkehr, in den Türmen befinden sich schmale Durchgänge für Fußgänger. Die Öffnungen können durch eiserne Gittertore verschlossen werden.

Die Tortürme erheben sich über quadratischem Grundriß und werden am Ansatz der Wölbung des Spitzbogens durch Abschrägung der Ecken in Oktogone überführt. Ein Gebälk, welches durch je vier kleine Dreiecksgiebel unterbrochen ist, bekrönt die Oktogone. Darüber erheben sich offene Turmhelme, die mit einfachem Maßwerk verziert sind.

Die Rahmung der Turmdurchgänge umschließt ein spitzbogiges Tympanon mit Mosaikfeld, in dem die ineinander verschlungenen AEG-Initialen auf goldenem Grund dargestellt sind. Über den Durchgängen befinden sich im Oktogon schmale Öffnungen, deren Form an Schießscharten erinnert. Das Gebälk mit den Giebeln ist mit Zinnen versehen; die Giebel haben ein kleines Ornamentfeld. In der Gesamtansicht sitzen die einzelnen Turmsegmente ohne ver-

1859
1907

6 Demonstration vor dem Tor 3 der AEG in der Voltastraße während des Streiks der Metallarbeiter, Oktober 1930.

7 Innenansicht des Tores 3 der Kleinmotorenfabrik der AEG; erbaut von Peter Behrens 1910–11.

mittelnde Übergänge aufeinander; die Türme wirken kurz und schwer.

Direkt hinter dem rechten Turm liegt das Torwächterhaus. An diesem Gebäude sind außen die Stempelkarten mit Stempeluhr angebracht; eine große Uhr ist von innen wie von außen gut sichtbar.

Der Portalbogen zwischen den Türmen ist in Formziegeln gemauert und durch Dienste und Hohlkehlen profiliert. In monumentalen Lettern umsäumt ein Schriftzug die Laibung des Bogens: ALLGEMEINE ELEKTRICITAETS GESELLSCHAFT. Darüber, an der Stelle, die beim mittelalterlichen Stadttor dem Wappen oder einem Abbild des Herrschers vorbehalten war, ist ein einfaches Zahnrad in einen stark ornamentierten Rahmen gesetzt. Der First des Portalbogens ist mit stilisierten Zinnen bestückt, die an die Giebel eines Patrizierhauses oder eines neugotischen Rathauses erinnern. Die Giebelspitze trägt einen hohen Flaggenmast. Das Tor weist alle Voraussetzungen auf, selbst bildhaft ein Wappen zu zieren.

Die Nähe des Tores zu mittelalterlichen Stadttoren oder zu Kirchenportalen entspricht sowohl dem historistischen Zeitgeschmack wie der Persönlichkeit des Architekten: Franz Schwechten baut etwa gleichzeitig die Kaiser-Wilhelm-Gedächtniskirche. Die ganze Anlage schillert historisierend: Eine Operette der Architektur. Die sakralen Raum- und Ornamentformen sind jedoch gekoppelt mit Bildsymbolen der Industrie. Es wird einerseits die Formensprache des Mittelalters übernommen, die einen feudalen Herrschafts- und Fürsorgeanspruch verkörpert. Andererseits ist der Sieg der bürgerlichen Wissenschaft und Technik über die alten politischen und religiösen Mächte demonstriert.

Dieses ›Tor 1‹ war der Beamteneingang der AEG, weil sich auf dem Werksgelände die Verwaltungsbauten anschließen. Überwiegend wurde es von Beamten, d.h. den gehobenen Angestellten jener Zeit, frequentiert. Es erfreute sich schnell allgemeiner Beliebtheit. Eingeladene und organisierte Werksführungen endeten mit dem Gruppenfoto vor der Kulisse des ›Tores 1‹. Der Arbeitereingang, das ›Tor 3‹ an der Voltastraße, blieb dagegen bis Anfang des 20. Jahrhunderts ein schlichter Bretterzaun (Abb. 1). Ort der

Repräsentation ist – wie üblich – auch bei der AEG die Administration und nicht die Produktion.

Zu festlichen Anlässen schmückte die Firmenleitung das Tor mit Tausenden von Glühlampen. Der Geburtstag Kaiser Wilhelms II. wurde alljährlich mit einer Illumination in Form einer Krone über dem Torbogen gefeiert (Abb. 5). 1906 wurde auch die silberne Hochzeit seiner Majestät Anlaß zu einer festlichen Dekoration (Abb. 4). Kaiser und Fabrik standen prominent nebeneinander. Diese Verbundenheit wurde auch durch Gespräche von Walther Rathenau, dem Sohn Emil Rathenaus, mit Wilhelm II. überliefert, in denen der Kaiser sich beeindruckt von dessen Organisationstalent zeigt: Rathenau erwidert, er kopiere nur das preußische Staatsprinzip im kleinen.[2]

Dem preußischen Herrschaftsanspruch der Firmenleitung entsprach das Bedürfnis der AEG-Arbeiterschaft nach betrieblicher Fürsorge. Beides ist in der Torarchitektur präsent. Die AEG-Mitarbeiter genossen in jener Zeit bei großer Arbeitsplatzsicherheit einen gehobenen sozialen Status. Über Generationen blieben Familien – wie in Großbetrieben jener Zeit üblich – dem Betrieb ehr- und selbstbewußt verbunden. Dadurch weist auch die Rezeption des Tores eine hohe Konstanz auf. Durch geschickte Initiativen der Firmenleitung, heute würde man von sozialem Management sprechen, verstärkte sich die Identifikation mit dem Betrieb. Das ›Tor 1‹ wurde zum Symbol dieser Liaison.

Anfang des 20. Jahrhunderts vergrößerte sich das Werk. 1911 wurde mit dem ›Tor 3‹ an der Voltastraße ein neuer Komplex für die Kleinmotorenfarbrik eingeweiht (Abb. 6, 7). Der mit der Erweiterung beauftragte Architekt Peter Behrens entwickelte sich in seiner Arbeit für die AEG zu einem der frühen Vertreter moderner Architektur (Abb. S. 8 f.).

Die Gebäudefront strukturieren kolossale Halbsäulen. Viele Elemente klassischer Architek-

8 Streikposten vor dem Tor 1, Oktober 1930.

9 Neues Pförtnerhaus der AEG, vom Betriebsgelände aus gesehen; erbaut um 1960.

turordnung lassen sich erkennen, und doch ist die Fassade ganz modern. Auch das integrierte ›Tor 3‹ hat bereits eine moderne Formensprache. Die Säulen leiten den Arbeiterstrom bei Schichtwechsel dynamisch. Der einzelne Mensch erscheint vor dem Gebäude klein. Das Verkehrsaufkommen am ›Tor 3‹ für die Arbeiter übertrifft das des Beamteneingangs am ›Tor 1‹. In den Arbeitskampfsituationen der zwanziger und dreißiger Jahre wurde das ›Tor 3‹ zum Ausgangspunkt der Demonstrationen (Abb. 6). Vor das ›Tor 1‹ wurden Streikposten gestellt (Abb. 8).

In den siebziger Jahren wird hinter dem ›Tor 1‹ auf dem Firmengelände ein neues Pförtnerhaus errichtet (Abb. 9). Es ist aus Fertigteilen erbaut, so daß es bei einer eventuellen Vergrößerung des Betriebes leicht demontiert werden kann. Der Repräsentationsanspruch weicht den neuen funktionalen Erfordernissen. Die Anlage des ›Tores 1‹ bleibt erhalten und dient weiterhin als Durchlaß in der Fabrikumgrenzung. Die Kontrollfunktion jedoch wird auf den Neubau übertragen.

Die AEG ist einer der wenigen Großbetriebe, die in Berlin ihren Stammsitz behalten haben. Doch in den achtziger Jahren drohte dem Zentralwerk angesichts großer wirtschaftlicher Schwierigkeiten die Schließung. In dieser Situation wurde das ›Tor 1‹ wieder Sammel- und Ausgangspunkt für Demonstrationen (Abb. 10). Das Tor wurde nicht mehr mit Girlanden, sondern wirkungsvoll mit Transparenten und der Forderung nach Erhalt der angestammten Arbeitsplätze geschmückt. Auch ein Regierungsvertreter – Norbert Blüm als Berliner Bundessenator – trat vor dieser Kulisse auf und verteilte Flugblätter. Beides war fotogen und pressewirksam.

Das ›Tor 1‹ ist traditionell Ort der Demonstration des Verhältnisses zur AEG. Das Tor selbst hat schon die Patina eigener Geschichte, die sich über die bedeutungsüberladene Ornamentik der Neogotik gelegt hat. Nach Identifikationsgesten und Arbeitskampf an dieser Stelle wurde zuletzt die von der Architektur auch signalisierte Fürsorgebereitschaft des patriarchalischen Betriebes beschworen.

Doch nichts hilft. Die AEG schließt – eine Computerfirma (Nixdorf) baut. Das Tor – längst ein Baudenkmal – wird nicht angetastet, sondern museal freigestellt (Abb. 11). Jeder kann heute an ihm vorbei auf den Parkplatz fahren. Die Gittertore dienen als Zaun vor einer Blumenrabatte. Die Computerproduktion steht für eine weitere Entwicklungsphase unserer Industriegesellschaft. Dieser Produktion entspricht eine neue Form des Zugangs: Das Gebäude wird durch einen repräsentativen Haupteingang betreten, dort herrscht Lobbyatmosphäre.

Anmerkungen

1 Informationen über die Toranlage und zur Entwicklung der AEG verdanke ich dem Firmenarchiv; vgl. ferner Henning Rogge, Fabrikwelt um die Jahrhundertwende am Beispiel der AEG Maschinenfabrik in Berlin-Wedding, Köln 1983; Karl-Heinz Hüter, Architektur in Berlin 1900–1933, Dresden 1987; Historische Bauwerke der Berliner Industrie, Der Senator für Stadtentwicklung und Umweltschutz (Hrsg.), Berlin 1988. Mein spezieller Dank gilt Jens Eschrich für die kunsthistorische Supervision.

2 Begegnung von Kaiser Wilhelm II. und Walther Rahenau am 10. Februar 1910:
W.R.: »Majestät, von unseren deutschen Fabriken können die Engländer etwas lernen. Die stoppeln immer eine Anlage auf die andere. Bei uns wird die Sache einheitlich durchdacht und projektiert. Und dann: Der deutsche Beamte mit seiner Gewissenhaftigkeit und Bescheidenheit, der immer hinter seiner Aufgabe zurücktritt.«
S.M.: »Ja, das Material haben wir.«
W.R.: »Und zuletzt die Organisation. Da sehen wir uns den preußischen Staat an und suchen im Kleinen zu kopieren.«
S.M.: »Ja, Organisation ist die Hauptsache, da richten Sie sich nur nach dem Staat.«
In: Henning, a.a.O., S. 29.

10 Demonstration vor dem Werktor von AEG-Telefunken, September 1982.

11 Das unter Denkmalschutz gestellte Tor 1 vor dem Firmenkomplex von Nixdorf, 1988.

Stammbaum eines Bautypus

Uwe Drepper

1 Als Kaiser Wilhelm II. 1896 die Hütte Phönix in Ruhrort besuchen wollte, drohten die Arbeiter mit Streik. So konnte nur die Kaiserin erscheinen. Ihr zu Ehren wurde der Eingang mit einer Kulisse aus Sperrholz und Pappe pompös geschmückt: die Fassade eines altdeutschen Patrizierhauses mit deutschem Adler und Darstellungen schmiedender Männer.

Ein Werktor ist der Zugang zu einer Fabrik. Für den Architekten ist es eine herausfordernde Aufgabe, ein solches Tor zu konzipieren. Das Tor als Bauaufgabe ist ihm in seiner Funktion aus der Architekturgeschichte vertraut: Es ist der Ort, an dem kontrolliert wird, wer passieren darf; es ist der Durchgang zwischen zwei abgegrenzten Bereichen, an dem der Durchschreitende auf das, was ihn erwartet, eingestimmt werden soll. Die Aufgabe des Architekten besteht darin, ein wirksames Bild der zu betretenden Welt zu entwerfen.

Werktorarchitektur bildet – auch im interpretierenden Sinne – den ›Zugang‹ zur Industrie. Sie ist um so mehr Abbild der gesellschaftlichen Verhältnisse, als sie keine offiziöse Repräsentationsarchitektur – wie z.B. die Verwaltungsbauten – darstellt. Sie muß ihre Wirksamkeit allgemein verständlich, alltäglich zum Schichtwechsel entfalten. Wesentlich für die Architekturgeschichte des Werktores ist damit die gesellschaftliche Funktion der Fabrik. Diese war im Anfang der Industrialisierung durchaus unklar: Die Architektur blieb weitgehend dem Wunsch des Fabrikherren nach Selbstdarstellung und der Interpretation seines Architekten überlassen. Beide begaben sich auf die historische Suche nach der den Bauwerksfunktionen adäquaten Form.

Die Betrachtung des Bautypus Werktor ist deshalb so interessant, weil er verhältnismäßig jung ist und sich stark gewandelt hat. Zum einen hat sich seine Funktion – analog dem Produktionsprozeß – verändert. Zum anderen gehen die jeweils schon gebauten Werktore selbst wieder ein in die Bildwelt des Architekten und werden variierend bearbeitet. Bilder können ihre Wirkung nur entfalten, wenn sie lesbar sind, d.h. sie müssen – im Sinne eines semantischen Verstehens – in hohem Maß bekannte und vertraute Merkmale aufweisen. Gerade die frühen Werktore – ohne typologisches Vorbild bereits bestehender Fabrikzugänge – sind daher besonders interessant. Ungefiltert ist hier das bauhistorische Zitat zu entziffern und die ideologische Funktion analysierbar.

Natürlich zeigt jedes Zitat seine Wirkung nur in Abhängigkeit von Zeit und Ort. Auch die Entwicklung der Industrie ist nach Regionen stark unterschieden. Dementsprechend unterschiedlich ist auch die Ausbildung der Werktorarchitektur. Sie ist in England mit einer sehr frühen Industrieproduktion und ohne barocke Bautraditionen anders als in Frankreich, das zur Zeit der Industrialisierung bereits auf eine bürgerliche Revolution zurückblicken kann. Sie stellt sich in der jungen Industrienation Japan anders dar als im weitläufigen Nordamerika, das sich relativ frei

2 Gußstahlfabrik Friedrich Krupp in Essen, Portier II (vgl. S. 16).

von den Traditionen der Alten Welt in beliebiger Verfügbarkeit der Arbeit entfaltet.

Der folgende Stammbaum konzentriert sich auf die Entwicklung des mitteleuropäischen Festlandes[1], greift jedoch, soweit erforderlich oder für eine bessere Illustrierung sinnvoll, auch entferntere Beispiele auf.

3 Priest-Royd-Eisenhütte
in Huddersfield, England, 1835 (vgl. S. 10).

Tore in Zäunen und Mauern – Manufakturelle Produktion (um 1800) und Industrialisierung (um 1850)

Die Stadt als Wirtschaftsraum sprengt schon in der frühen Neuzeit ihre Mauern. Es wird jedoch noch ein zweiter Wehrwall um das Gemeinwesen gelegt, bevor die (Kriegs-)Technik mit weitreichenden Geschützen die Wallanlagen funktionslos werden läßt. Die Enge des umgrenzten Raums behindert die Entwicklung der städtischen Wirtschaft. Diese weicht aus auf das Land vor der Stadt. Hier entstehen auf freiem Feld die ersten Manufakturen. Der Schutz durch eine Mauer scheint für den Bürger von der Kriegstechnik überholt. Wesentlich für das Fehlen der Umgrenzungen für diese Produktionsanlagen ist die handwerkliche Tradition, die auch die Architektur in der Frühphase der Industrialisierung prägt. Der einstmals zunftgeschützte Handwerksbetrieb wird, befreit aus der Enge der Stadt, aufs Land gestellt. Dort wie hier ist eine eigene, umgrenzende Mauer noch unbekannt, ja mutet an als Anmaßung eines fürstlichen Privilegs.

Mit dem Übergang von der Manufaktur zur Fabrik müssen die Bauwerke vergrößert werden. Es entstehen Agglomerationen von spezialisierten Fabrikgebäuden. Damit sind Abgrenzungen des Fabrikgeländes von der Landschaft nötig. Der Zugang zum Gelände löst den Zugang zum Gebäude ab. Zunächst werden Bretterzäune aufgestellt oder Mauern gebaut. Das Tor kann ein einfacher Durchlaß sein, wird jedoch bald in die Gesamtplanung der Fabrikanlage eingeschlossen und damit zum gestalteten Eingang. Er ist noch durchlässig, das Werksgelände darf noch von jedem betreten werden. Da das Werktor als Bauaufgabe nicht tradiert ist, wird zurückgegriffen auf einfache Vorbilder. Nur einzelne Elemente an diesen Bauten weisen auf die neue Autorität hin. So wird etwa auf den Rundbogen anstelle von Wappen und Herrscherporträt der Firmenname gesetzt; eine große Uhr wird am Werktor angebracht – wie auf der Feldseite eines Stadttores, nur daß jetzt eine andere Zeit gemessen wird.

4 Baumwollspinnerei Lamartin
in Hellemmes, Frankreich, 1881 (vgl. S. 15).

Solitäre Portale – Historismus und patriarchalischer Kapitalismus (um 1900)

In der 2. Hälfte des 19. Jhs. beherrscht die Großindustrie die Gesellschaft. In dieser Gesellschaft hat das Tor zur Arbeit komplexe Zeit- und Zugangsfunktionen. In der Architektur präsentiert sich die Industrie als etablierte neue Autorität. Bei rasanter technologischer Entwicklung ist diese Zeitphase geprägt vom Historizismus.

Mit der Weiterentwicklung der industriellen Produktion erhält auch das Werktor neue Aufgaben. Über das Moment der Repräsentation hinaus wird es undurchlässig für Fremde, wird Ort der Zugangskontrolle, der Zeiterfassung und der Verkehrsleitung. Mit dem Anwachsen der Aufgabe wird aus einer Öffnung ein Komplex, ein Gebäude. Die äußere Gestalt ist historisierende Bedeutungskopie, ihre Architektur kann auf mittelalterliche Vorbilder zurückgehen. Die Form umkleidet nun jedoch einen ganz anderen Kern: Beispiel dafür ist die Brauerei Hoepfner in Karlsruhe (1896), in der ein Stahlskelettbau als Burganlage gestaltet ist (Abb. S. 23).

»Es handelt sich jetzt nicht mehr darum, ob dies oder jenes Theorem wahr sei, sondern ob es dem Kapital nützlich oder schädlich, bequem oder unbequem, polizeiwidrig oder nicht«[2]: Diese Kritik von Karl Marx an der späten bürgerlich-historistischen Geschichtsauffassung ist auch auf den eklektizistischen Baustil jener Phase übertragbar. Die Architektur stellt nach subjektiven Wunschvorstellungen fast willkürlich der Baugeschichte entrissene Elemente zusammen. Für Werktore werden in erster Linie Stilelemente benützt, die historisch mit der Demonstration von Autorität verbunden sind. Der darin liegende Widerspruch zur rasanten Entwicklung der Technik wird von der Architektur erst mit dem sachlichen, ›Neuen Bauen‹ der zwanziger Jahre aufgelöst. Zunächst ist jedoch der historizistische Baustil durchaus funktional: Die neuen Industriemagnaten schmücken sich mit den Insignien vergangener Dynastien; zugleich wirken sie damit einer grundsätzlichen Veränderung der Machtverhältnisse entgegen. Diese These mag zunächst abstrakt und dogmatisch klingen, doch wird sie durch einige Werktore und die Motive, die als Vorbild gewählt wurden, untermauert.

5 Urquellbrauerei in Pilsen, 1892 (vgl. S. 21).

Motiv: Triumphbogen

Für Werktore ist der Triumphbogen ein strukturbildendes, oft wiedererkennbares typologisches Motiv. In der Regel handelt es sich bei den Werktoren Ende des 19. Jahrhunderts um dreitorige Anlagen. Zwei kleine Seitentore sind für den Fußgängerverkehr vorgesehen, der größere Mittelbogen ist dem Fahrverkehr vorbehalten. Zum baugeschichtlichen Verständnis ist die Entstehungsgeschichte des Triumphbogens von wesentlicher Bedeutung – gerade in der Verwendung des Motivs für Werktore.

Im römischen Reich genehmigte der Senat dem Imperator nach siegreichem Abschluß eines Krieges einen ‹Triumph›. Hierfür wurde aus Holz ein Triumphbogen gezimmert, mit zwei seitlichen, sehr niedrigen Durchgängen und einem hohen Mittelbogen. Die unterworfenen Völker mußten sich durch die Seitenpforten zwängen und dabei als Zeichen der Erniedrigung den Nacken beugen. Der Triumphator und seine siegreichen Truppen zogen aufrecht durch den mittleren Bogen ein. Besonders in dieser Urform des Triumphbogens wird die Nähe von Machtdemonstration und Erniedrigung deutlich. Wenngleich für die Werktore der Jahrhundertwende sicher nicht die bewußte Absicht bestand, dem Fahrverkehr als neuem ›Imperator‹ zu huldigen, so liegt hier doch der Hinweis auf einen Glauben an die überlegene Macht der Technik, gekoppelt mit dem Willen, die arbeitenden Massen an sie zu ketten. Die Unterschiede der Durchgänge hierarchisieren den Verkehr, die Wahl des Triumphbogenmotivs demonstriert das besondere Privileg der Erbauer.

Ende des 19. Jahrhunderts wird der Triumphbogen oft in seiner weiterentwickelten, nicht weniger prätentiösen Form zitiert. Er gibt auch den Portalfassaden des christlichen Sakralbaus Struktur. Er entwickelt sich zum städtebaulich prägenden Megazeichen auf herrschaftlicher Achse, dem in Paris bis heute angehangen wird.

6 Stahlwerk Dunai Vasmü in Dunaiyvaros, Ungarn, 1955 (vgl. S. 39).

Motiv: Tempelbau

Wie in Pilsen ein veritabler Triumphbogen den Eingang zur Bierfabrik bildet, stehen Arbeiter auch vor griechischen Tempelfassaden, bevor sie zur Arbeit kommen, so in der Berliner Fahrzeugfabrik F. G. Dittmann.

Im griechischen Tempel ist hinter der ersten Säulenreihe eine Vorhalle, der Pronaos, als Ort der Reinigung und Sühne vor das Allerheiligste gesetzt. An eben diese Stelle, zwischen dorische Säulen, baut der Architekt Bruno Buch 1913 eine gläserne Pförtnerloge. Hier wird kontrolliert. Dieser Fabriktempel ist nur Fassade. Anstelle des Allerheiligsten öffnet sich ein Arbeitshof.

Der Klassizismus von 1900 hat in den fünfziger Jahren ein spätes Nachspiel in der Architektur der stalinistisch orientierten Ostblockstaaten. Hier wird 1955 in Dunaùjvaros in Ungarn eine monumentale Tempelfassade vor ein Stahlwerk gestellt. Zwischen elegant sich verjüngenden, hohen Säulen mit ägyptischen Papyruskapitellen schreitet der Werktätige in die Fabrik. Arbeit wird mystifiziert und fordert zugleich unbedingte Unterordnung.

7 Fahrzeugfabrik F. G. Dittmann in Berlin, 1913–14 (vgl. S. 26).

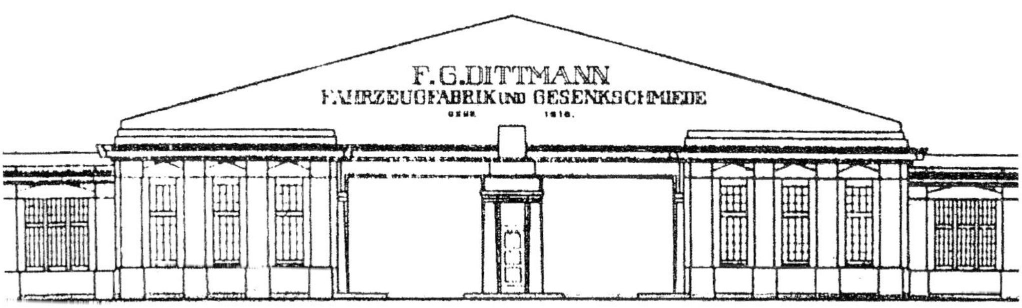

8 Brauerei La Grande Brasserie in Lille, Frankreich, um 1900 (vgl. S. 31).

Motiv: Narthex und Weihwasser

Die frühchristliche Basilika ist ein Bautypus mit Wurzeln im Markthallenbau, wobei die Kirche um einen kleinen Raum der Einstimmung, den Narthex, erweitert wurde. Später ersetzen symbolische Handlungen diese Funktion des Narthex. Die Reinigung wird durch rituelles Besprengen mit geweihtem Wasser vollzogen. Raum und Akt sind assoziiert und ihre Bedeutung in der christlich-abendländischen Gesellschaft allgemeines Kulturgut. Analoges Verhalten an anderer Stelle muß daher nach Pawlow eine ähnliche Wirkung haben.

Der Weg zur Arbeit führt vor dem Betreten der Fabrikhallen durch einen Raum im Werktor. Beim Verlassen dieses Raumes ist der Arbeiter bereit für die Welt der Produktion. Das Stempeln im Werktor ist Zeiterfassung und Kontrolle zugleich mit ritueller Initiation zur anderen Welt, in der es zu funktionieren gilt. Der Stempelakt selbst verändert sich im Laufe der industriellen Entwicklung analog zur Produktionsmaschinerie. Der lange Hebelweg an der frühen Stempeluhr entspricht der anstrengenden, monotonen Bewegung am Fließband; das Durchziehen der Magnetkarte ist moderner Fließtechnologie adäquat.

Motiv: Abgetrepptes Torgewände

Eingänge, die sich zum eigentlichen Tor verjüngen, deren Laibungen sich nach innen abtreppen, sind baugeschichtlich bei Burgtoren und im Sakralbau bekannt. Sie zeigen die Stärke der Außenmauern. In mittelalterlichen Wehranlagen waren diese Zugänge sehr eng, so daß man nur einzeln eintreten und kontrolliert werden konnte. Der Bewegungsstrom der Besucher verändert seine Geschwindigkeit an dieser Stelle: Es muß gewartet werden.

Im Sakralbau wirkt dieselbe architektonische Ordnung symbolisch. Die Individualisierung der Teilnehmer des Verkehrsstromes und die Verlangsamung der Bewegung ist eine inszenierte Veränderung des Verhaltens, die Konzentration auf den zu betretenden Raum provoziert.

Beides sind auch ideologische Funktionen des Werktors. Nicht die potentiell bedrohliche, machtvolle Arbeiterklasse, sondern Arbeiterindividuen werden in der Fabrik empfangen. Die Konzentration auf den Arbeitsprozeß soll mit dem Betreten des Werkgeländes beginnen.

Motiv: Torhaus

Architekturgeschichtliches Vorbild für das Werktor als Torhaus sind auch karolingische Torhallen (Lorsch, 774) und die Westwerke der Kathedralen. Im Raum über dem Tordurchgang residierte das weltliche Gericht. Der zum Sakralraum Schreitende unterwirft sich symbolisch der Obrigkeit.

9 Wollspinnerei Alfred Motte & Cie in Roubaix, Frankreich, 1879 (vgl. S. 14).

10 Brauerei Höpfner in Karlsruhe, 1896 (vgl. S. 23).

Motiv: Burg- und Stadttor

Nachdem Burgen und Stadttore am Ende des Mittelalters ihre wirtschaftliche und kriegstechnische Bedeutung eingebüßt haben, bauen Fabrikanten um 1900 ganze Fabrikburgen auf. Das Burgtor, manchmal sogar mit dazugehörigem Graben, ist Ort der Zugangskontrolle. Es sind Fabriken aller Produktionsrichtungen, von den Brauereien, über Eisengießereien bis zur Elektroindustrie.

In Karlsruhe wird 1896 die Hoepfner-Brauerei ganz in moderner Skelettbauweise errichtet. Die Außenmauern werden jedoch im Stil einer mittelalterlichen Burg ausgeführt. Das Werktor ist ein mit Zinnen geschmücktes, wehrhaftes Burgtor. Hinter dem rechten Seitenportal befindet sich die Pförtnerloge. Der Fabrikbesitzer Friedrich Hoepfner stellt sich damit als autonomer Fürst und Burgherr dar, der allein darüber entscheidet, wer passieren darf.

Motiv: Barockaxialität

Für das Barock wurden zentrale Achsen zu einem wesentlichen Gestaltungsmerkmal. Der fürstliche Souverän und seine Residenz standen im Kreuzungspunkt der Achsensysteme – Staat und Herrscher waren eins. Seitdem ist die zentrale Symmetrieachse in der Architektur oft Ausdruck allumfassenden Herrschaftsanspruchs und wird als solche auch in der Werktorarchitektur zitiert.

Als erste große Toranlage wird von BMW in München 1917 das Nordtor errichtet (Architekt: Otto Orlando Kurz).[3] Eingesetzt werden die klassischen Attribute der Werktorarchitektur: Barockaxialität, Uhrturm, Trimphbogenmotiv. Der ursprüngliche Entwurf hatte flankierend zwei überdimensionierte Arbeiterskulpuren vorgesehen, an eben der Stelle, die historisch von der Leibgarde oder den symbolisch wachenden steinernen Löwen besetzt ist.

Der Höhepunkt der klassischen Werktorarchitektur ist um 1900 erreicht. Eine charakteristische Unterscheidung nach Produktionszweigen ist nicht möglich. Einheitlichkeit besteht für alle in bezug auf die ideologische Intention. Als Illustrationsbeispiele dienen hier Werktore mit meist klar isolierbaren Motivvorstellungen. Doch in der Regel mischt die historistische Architektur Elemente aller Epochen. So ist bei Borsig in Berlin das Werktor als asymmetrische Stadtmaueranlage mit großem Torhaus zum Zwecke der Zeit- und Zugangskontrolle ausgeführt (Abb. S. 126 f.). Der 1922–24 errichtete hohe Verwaltungsbau sollte in der Folge den symbolischen Überblick auf den Eingang sichern. Das AEG-Tor in Berlin (vgl. S. 47 ff.) wird 1896 zur Operette der Architektur, das annähernd alle Versatzstücke aufweist und damit zum Prototyp des historistischen Werktores avanciert.

11 Bayerische Motorenwerke München, Nordtor, 1917.

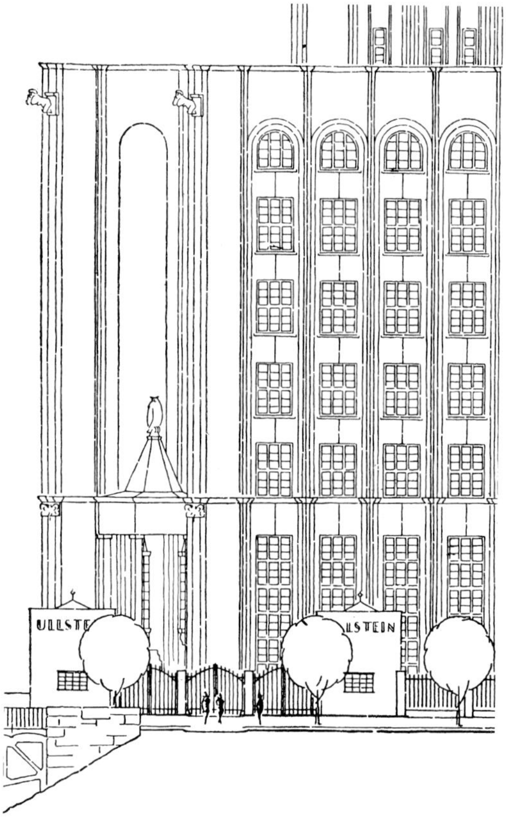

12 Torwärterhaus und Arbeitereingang des Ullstein Verlagshauses in Berlin, 1926 (vgl. S. 28, 29).

Die Moderne – um 1920

Eine neue Ästhetik hat den Historismus überwunden. Die gebauten Formen werden klarer, das Beiwerk als Bedeutungsträger tritt zurück. Die Funktion des Werktores als Ort der Kontrolle bleibt jedoch bestehen. Seine Gebäudeform wird dem neuen Zeitstil unterworfen, kann dabei immer noch repräsentativ genutzt werden.

Der Jugendstil als esoterisch-bürgerliche Bewegung hat in Deutschland kein Werktor geprägt. In Frankreich sind Einflüsse der ›art nouveau‹ hingegen vielerorts nachweisbar (Abb. S. 18).

Der Expressionismus als technik- und sozialreflektive Kunstrichtung thematisiert die dramatische Bewegung am Werktor – vor allem im Film.

Gerade in Berlin, wo Fritz Lang *Metropolis* dreht, realisiert der Architekt Eugen G. Schmohl 1926 mit dem Ullstein-Konzern eines der wenigen expressionistischen Gebäude. Die dazugehörige Werktoranlage zeigt Merkmale eines Burgzuganges und erinnert dabei noch an die Struktur von Werktoren der historistischen Phase. Jedoch ist die Ornamentik stark reduziert, künstlerisch abstrakt. Die Arbeiter passieren erst ein wehrhaftes Tor, symmetrisch flankiert von zwei kubischen Torwächtertürmen. Sie überschreiten eine Brücke, um dann durch einen ›Arbeitereingang‹ – symbolisch bewacht von einer Eule, dem Firmensignet – in die zehn Meter hohe ›Arbeitereingangshalle‹ zu treten (Abb. S. 28). Von dort führt eine Treppe hinunter in die Welt der Druckmaschinen. Die Situation drängt den Vergleich zum zeitgenössischen Film *Metropolis* geradezu auf (vgl. S. 134 f.). Dort wie hier zwingt die Architektur mit hohem ästhetischen Einsatz den Menschen in die vom Maschinenlauf diktierte Bahn. Der Arbeiter wird nicht erhoben, sondern durch die Monumentalität des Einganges in seiner Bedeutung gedrückt und dann zur Arbeit ins Tiefgeschoß geschickt.

Die Architekten der klassischen Moderne interpretieren das Werktor sachlich und neu aus den Funktionszusammenhängen. Sie brechen mit der Tradition der Übernahme autoritär besetzter Motive. Der Repräsentationscharakter der Toranlage nimmt zugleich ab.

Für die Schuhleistenfabrik Fagus GmbH (Alfeld an der Leine) konzipiert Walter Gropius 1924 auch das Werktor. Das Pförtnerhaus steht zurückgesetzt hinter dem Torgitter auf dem Fir-

13 Flugzeugwerk Heinkel in Oranienburg, 1938 (vgl. S. 34).

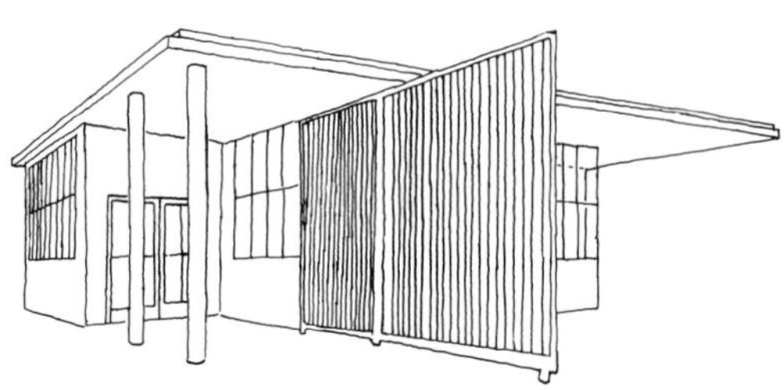

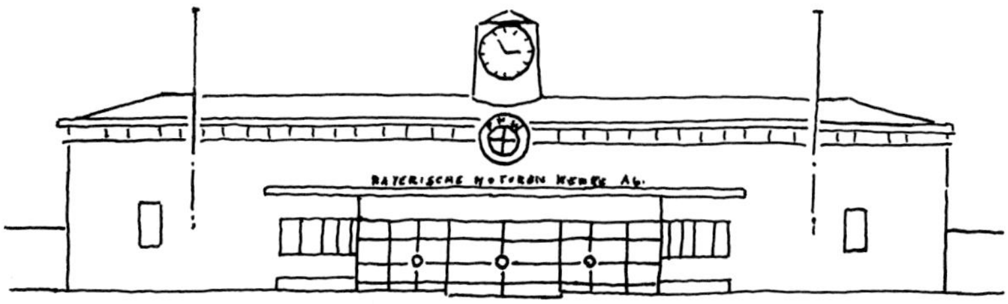

14 Südtor der Bayerischen Motorenwerke in München, 1933 (vgl. S. 33).

mengelände. Neben der Fahrbahn ist einseitig der Fußgängerweg angelegt. Die Toranlage ist in demselben Mauerwerk wie die Fabrikgebäude ausgeführt, sie ist damit Teil eines funktionierenden Ganzen.

1930 wird im Ruhrgebiet die Zeche Zollverein (Essen-Katernberg) in enger Zusammenarbeit zwischen Ingenieuren und Architekten (Schupp und Kremmer) entworfen (Abb. S. 35). Das davorliegende Tor ist ein schlichter Gitterzaun mit schmucklosen Zugangskontrollhäusern. In der Gesamtanlage wird der monumentale Förderturm – axial auf der Zugangsstraße – zum mächtig den Eingang rahmenden und beherrschenden Ornament.

1933 wird wieder von Otto Orlando Kurz, der schon vor dem Zweiten Weltkrieg das erste BMW-Tor erbaut hatte, für das neu etablierte BMW-Werk in München das Südtor als neuer Hauptzugang erbaut (vgl. Abb. S. 33). Fahrverkehr und Fußgänger benutzen gleichberechtigt die große Toröffnung. Uhrturm und spiegelsymmetrische Architektur sind klassische Werktorattribute. Die Ausführung ist mit gerundeten Formen modern und dynamisch, der Herstellung von Geschwindigkeitsmaschinen adäquat. Neben der Durchfahrt sind Flaggenmasten angebracht. Dieses BMW-Südtor wird in der NS-Zeit gerne für repräsentative Vorfahrten und Fotoaufnahmen von Prominenz aus Politik und Wirtschaft benutzt.

Im Industriebau finden einige Architekten der Neuen Sachlichkeit bis in die vierziger Jahre die Möglichkeit, ihren formalen Vorstellungen entsprechend zu bauen. 1938 ist Herbert Rimpl, Schüler von Robert Vorhoelzer, Architekt des Flugzeugwerks Heinkel in Oranienburg. Die Werktoranlage ist Teil eines hervorragend ausgebildeten Industriebaus. Fahrverkehr und Fußgänger sind nebeneinander organisiert. Alle Torfunktionen sind in der Architektur zu erkennen. Ein klares Gittertor aus Vierkantrohren grenzt das Gelände ab. Es ist verbunden mit dem Pförtnerhaus, das mit großen Glasflächen Transparenz auf dem Weg ins Werk signalisiert. Schutz bieten Flächen: Die Dachfläche schutzt den Pförtner, die darunter eingeschobene Ebene des Gittertores das Werk.

15 Schuhleistenfabrik Fagus GmbH in Alfeld/Leine, 1924 (vgl. S. 32).

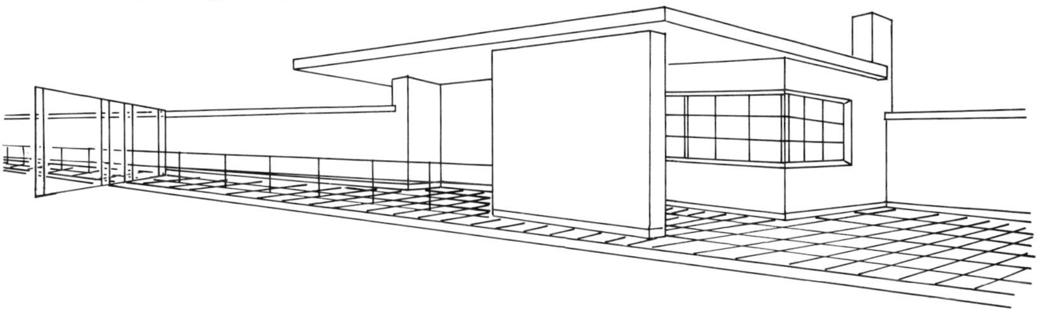

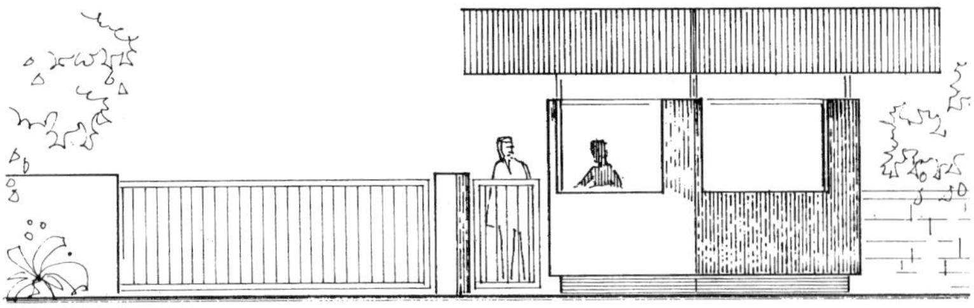

16 Planungsskizze für einen Werkseingang, Rolf Schmalor, 1971

Das Glashaus auf der Werksgrenze – die fünfziger Jahre

Nach dem Krieg wird aufgebaut. Doch viele bleiben invalide, nur noch geeignet für ruhigen, monotonen Wachdienst. Gerade aus dieser Bevölkerungsgruppe rekrutiert der Werkschutz zum guten Teil sein Personal (vgl. S. 66 f.). Dies scheint für eine Architekturbetrachtung ein zunächst nebensächlicher Aspekt zu sein. Doch die Erinnerung an die Pförtnerhäuser der fünfziger Jahre ist unauslöschlich verknüpft mit dem hinter großen Glasscheiben regungslos Wachenden, oft eben Kriegsbeschädigten (vgl. Abb. S. 72).

Diese Werktore sind wie Kommandozentralen in den Fabrikzaun gestellt. Daneben ist das Gittertor, das tagsüber geöffnet bleibt; eine bewegliche Schranke übernimmt in dieser Zeit die zufahrtsregelnde Funktion. Das Pförtnerhaus bietet einen Panoramablick auf Weg und Einfahrt; das Bellevue ist nur keine Attraktion, blickt meist nur auf eine Industrieerschließungsstraße ohne Gegenüber. Ob rund oder eckig, mit schrägen oder geraden Scheiben, meist mit Normalzeituhr, unterscheiden sich diese Werktore in ihrer Struktur nur unwesentlich voneinander (Abb. S. 38 oben).

Die Technikzentrale hinter dem Teleskop-Tor – die achtziger Jahre

Der Schutz des Werkes wird hochtechnologisiert. Der Werkschutz erhält Aufgaben, die auch den Produktionsprozeß begleiten. Das Pförtnerhaus ist der Ort, der rund um die Uhr besetzt ist. Hier laufen zentral geschaltet alle Störmeldungen von Brand bis Einbruch ein. Meist ist auch der Telefondienst nachts hierher geschaltet. Es ist der Ort der Reaktion auf Fehlermeldungen aus allen Bereichen. Gerade die Zentralisierung all dieser Kontrollfunktionen an einer Stelle macht diese im Sabotagefall verletzlich. Das Pförtnerhaus wird daher von der strategisch unsicheren Grenze auf das Firmengelände zurückverlagert. Je größer die Distanz vom Grenztor zur Kontrolleinheit ist, desto positiver beurteilt der Werkschutz die Planung (vgl. Abb. S. 40 f.).

Das Werk stellt sich nach außen nur noch mit Firmenschild und Automatiktor dar. Die Kontrollarbeit wird oft unter einer weiten Dachkonstruktion in untergestellten Funktionsbauten geleistet. Neben der technischen Zentrale und den Aufenthaltsräumen für den Werkschutz ist ein Raum für die ›Taschenkontrolle‹ erforderlich. Gepäck, das nicht mit ins Werk genommen werden darf, ist hier unterzustellen; dabei ist es wichtig, daß die Wand zwischen Gepäcklager und Diensträumen stabil ist und die ›Sprengrichtung‹ des Gepäckraumes für den Eventualfall eines Attentats möglichst freigehalten ist.

Übergänge

Um 1900 verwendet die Werktorarchitektur Stilelemente, die Autorität demonstrieren. Wie die industrielle Gesellschaft zu einem neuen Zeitverständnis diszipliniert wurde (vgl. S. 86 ff.), so ist auch der Weg zur Arbeit mit seiner Grenzpassage ein Novum, das erlernt sein muß.

Im 20. Jahrhundert kann sich die Werktorarchitektur darauf beschränken, die baulichen Voraussetzungen für Funktionsabläufe zu schaffen und muß diese nicht mehr ideologisch verkleiden. Die Bedeutung der Grenze ist internalisiert, der Kodex des Sphärenwechsels zwischen Arbeit und Freizeit inzwischen Kulturgut geworden.

Während die ideologische Funktion der Werktorarchitektur zurücktritt, gewinnen die technischen Komponenten an Bedeutung. Diese erscheinen zunächst wertneutral; doch die mit Kameras ausgestatteten ›Wehranlagen‹ entbehren nicht eines zunehmend abweisenden Brutalismus, der gesellschaftlich disfunktional zu wirken beginnt.

Hervorragende Ausnahme ist das Rosenthalwerk (Selb), das Walter Gropius 1967 gebaut hat. Das Werktor mit ›Schwingendach‹ ist nicht nur Betriebszugang, sondern auch Eingang zum ›Feierabendhaus‹ auf dem Werksgelände: einem vielbeachteten Ort kultureller Veranstaltungen. Kultur und Arbeit werden nach dem Rosenthalkonzept miteinander verbunden. Gropius behandelt den Zugang mit großer Achtung und wird damit beiden Gesellschaftsbereichen gerecht.

Heute werden von Architekten Torsituationen, die erhaben und erhebend sind, imaginiert. Gedacht wird an eine sprechende Architektur, sozusagen den moralischen Triumphbogen für jedermann. Die funktionelle Zugangskontrolle folgt erst ein Stück weiter auf dem Weg zum Arbeitsplatz. Andere Projekte suchen der Trennung von Arbeit und Freizeit die soziale Härte zu nehmen, in dem die Grenze zum Übergangsbereich erweitert wird mit Kultur- und Dienstleistungsangebot. Noch ist dieses neue Niemandsland Utopie.

17 Porzellanfabrik Rosenthal in Selb, 1967 (vgl. S. 36, 37).

Anmerkungen

1 Mein Dank gilt Günther Gerstenberg für seine gründliche kunst- und architekturgeschichtliche Vorarbeit sowie Jens Eschrich für die kunsthistorische Textüberarbeitung.

2 Zitiert nach *Lexikon der Kunst*, Bd. 2, Berlin (West) 1983, S. 292.

3 Nach Mariam Bayat-Makou / Isabel Heene, *Bayerische Motorenwerke München-Milbertshofen, Tor 1*, Seminararbeit am Lehrstuhl für Entwerfen und Denkmalpflege (Prof. Otto Meitinger), TU München 1989.

18 Forum K, Projektzeichnung Büro west, Florian Aicher und Uwe Drepper, 1988.

Der Werkschutz: Alles sehen, alles hören, alles wissen

Georg Wasmuth

1 Schichtwechsel bei der Adam Opel AG in Rüsselsheim, Anfang der 30er Jahre.

RÜSSELSHEIM
OPEL
OPEL
RÜSSELSHEIM

»Alles ist unter Kontrolle. In der Tat: Die Ordnung ist perfekt. – Jeden Morgen empfand ich ein Gefühl der Beklemmung, wenn ich diesen Wachposten passierte und den Stacheldraht sah, der seit Jahren (. . .) gelegt wurde. Teilweise war der Stacheldraht schon begrünt. Ich wollte diesen Stacheldraht weghaben. Dieser Vorschlag wurde von den Fachleuten mit dem Gegenvorschlag beantwortet, eine Mauer rings um das (Gebäude) zu bauen. Damit alles unter Kontrolle sei. Ich weiß nicht mehr, wieviel Zeit ich damit verbrachte, dieses Problem zu lösen (. . .). Und am Ende konnte ich stolz sein, daß ich wenigstens den Bau der Mauer verhindern konnte.«[1]

Derjenige, der dies schrieb, war Bundesverkehrsminister. Geschützt werden sollte das Bundesministerium für Forschung und Technologie. Anlaß für die Errichtung des Stacheldrahts waren die terroristischen Anschläge der frühen achtziger Jahre. Die Mauer ist allgegenwärtiger Schutz der Industrie. Mit Hilfe der Elektronik wurde hier ein Schutzwall errichtet, der jede Orwellsche Science-Fiction-Vision übertrifft. Mauer, Zäune, Fenster, Freigelände, Dächer, Kellerschächte und Tore werden pausenlos bewacht. Jede Berührung, jede Bewegung, jeder Laut wird sofort von den unterschiedlichsten Sensoren gemeldet: Elektromechanisch mit Magnet-, Vibrations- oder Riegelkontakten, elektrooptisch mit Infrarotmelder, elektroakustisch mit Körperschall-, Ultraschallmelder und Glasbruchsensoren, schließlich elektromagnetisch mit Mikrowellendetektoren. Dazu spionieren Videokameras weit über das Werkgelände jeden Verdächtigen auf. Jede Information fließt in Sekundenbruchteilen zu den hochtechnisierten Alarmständen des Werkschutzes bzw. der Wach- und Schließgesellschaften, die routiniert jeder Gefahr von außen begegnen.

Mit der rasanten Entwicklung der Computer- und Videotechnologie wurde diese Kontrolle immer weiter perfektioniert und ausgedehnt. So sind Industrieanlagen heute kaum noch ungeschützt. Einem ehemaligen Mitarbeiter des Bundeskriminalamtes ist es zu verdanken, daß schon 1983 die Möglichkeiten einer Technologie bekannt wurden, die eine Totalüberwachung von großflächigen Räumen anstreben. In der unterirdischen ›B-Ebene‹ am Frankfurter Hauptbahnhof mit ihren Geschäften, Passagen und Kiosken, installierte das Bundeskriminalamt eine geheime Videoüberwachungsanlage. Eine Kamera war nach allen Seiten schwenkbar, das Objektiv versteckt. »Dreißig Meter entfernt vom Buch- und Zeitungsladen Montanus, die Rolltreppe zur

2 Kontrolle am Tor 1 der AEG in Berlin-Wedding, 1911.

3 Streik der Ruhrbergarbeiter im Januar 1931.
Das Zechentor ist zum Schutz der Streikbrecher von Gendarmerie, Werkpolizei und Kriminalbeamten besetzt.

Kaiserstraße und zur Bahnsteighalle im Blickwinkel, Schwenk-Neige-Automatik eingeschlossen und mit Zehnfach-Zoom-Objektiv bestückt, konnte die geheime Apparatur einfangen, was immer unter dem Frankfurter Hauptbahnhof vor sich ging – je nach Fahnderwunsch in der Totalen oder auch mal Köpfe im Porträtformat, die sich im BKA-Computer PIZ (Personenidentifizierungszentrale) mit den Datenbeständen abgleichen ließen«.[2]

Diese Technologie wurde in den letzten Jahren immer weiter entwickelt. Videobilder können heute digital zerlegt und abgespeichert werden, um dann jederzeit wieder abrufbar zu sein. Ihre üblichen Phantombilder erstellt die Kripo nach bis zu dreißig Einzelmerkmalen: »Augenabstand, Nasenlänge und Gesichtsschnitt spielen dabei ebenso eine Rolle wie beispielsweise Stirnhöhe, Ohrenform und Kinnpartien. Alle diese Daten lassen sich auch in Zahlen umsetzen und in einen Computer füttern, der mit einer Digital-Halbleiterkamera verbunden ist. Sie wandelt sämtliche Lichtimpulse, die sie von einem Objekt empfängt, automatisch in Zahlen um.«[3] Auf eine beliebige Menschenmenge gerichtet, gleicht diese Kamera die Impulse mit den gespeicherten Daten ab, sortiert die Zielperson heraus und informiert sofort, wer dort abgebildet wird. Diese Informationen werden auf Verdacht gespeichert, um jederzeit wieder abrufbar zu sein. Mehrere Kameras mit vielen Zielpersonen können genaue Bewegungsabläufe festhalten und jede Abweichung von Normsituationen sofort registrieren. Die Überwachung ist perfekt.

Schon 1976 verlangten Opelarbeiter die Ablösung des neuen Werkschutzleiters, weil dieser das Werksgelände mit Fernsehkameras überwachen ließ.[4] 1983 forderte der Betriebsrat der Chemischen Werke Hüls (CWH) in Marl die Abschaltung von acht Videokameras, weil diese auf dem gesamten Gelände und weit über das Werktor hinaus Mitarbeiter beobachten konnten.[5] Videokameras gehören heute zur normalen Sicherungsausstattung der Industrie. Deren Gebrauch wird beim Institut für Sicherungsforschung (IFS) in Feldkirchen bei München in Spezialseminaren gelehrt. Geschäftsführer dieses Instituts wurde 1987 der ehemalige Präsident des

Bundesnachrichtendienstes und des Bundesamtes für Verfassungsschutz, Herbert Hellenbroich. Eine Zusammenarbeit zwischen Werkschützern und Geheimdiensten ist offenbar geworden, die Techniken wurden dabei zweifelsohne weitergegeben.

Dienst gegen die Langeweile

Die Werkschutzbranche boomt fast ungebremst seit Mitte der achtziger Jahre. »Immer weniger Menschen arbeiten in immer weniger Firmen, aber es werden immer mehr Menschen benötigt, um die hochentwickelten Geräte zu sichern.«[6] Die politisch motivierten Terroranschläge der frühen achtziger Jahre brachten der Branche Zuwachsraten von bis zu zwanzig Prozent im Jahr. Gleichzeitig wurde das Bewachungsziel neu definiert: Der Terrorist von außen sollte abgewehrt werden. Aber nicht alle Firmen wurden zum Ziel von Terror, und während die einen fast wöchentlich einen Anschlag angekündigt bekamen, geschah bei dem größten Teil der anderen Firmen nichts. Hunderttausende von Werkschützern wurden auf den Kampf mit dem Terrorismus geschult, und es passierte nichts. Der Angriff von außen wurde erwartet, und im Alltag mußten Heizöfchen und Kaffeemaschinen ausgeschaltet werden. 600–700 Objekte bewachte die DSW 1990 in Berlin und während der 52 Wochen konnten gerade fünf bis sechs Vorfälle registriert werden. Eine Leiter war an der Mauer angelehnt, ein Drahtzaun hochgeschoben worden, oder jemand hatte einen Garderobenschrank aufgebrochen.[7]

Der Alltag der Wachspezialisten sieht grau aus (vgl. Abb. 5, 6, 7). »Es gibt Tätigkeiten, wo einer sieht, was er schafft. Solche Arbeit befriedigt mehr. Warum sollte ich das wohl nicht glauben? Kenne ich es selbst denn nur vom Hörensagen?«[8] Tag für Tag schlagen sie sich die Zeit mit Zeitunglesen und Radiohören tot. Es ist ein Dienst gegen die Langeweile, jeder Rundgang wird zum Abenteuer und jede Ablösung zur Erlösung. Ihre Stellung im Betrieb wird nicht wahrgenommen, ihr Nutzen in Frage gestellt. Da schreit schon einmal ein Besucher einen Werkschutzbediensteten an: Wenn er etwas Ordentliches gelernt hätte, müßte er hier nicht herumlaufen.[9] Da werden die Anweisungen der Werkschützer einfach ignoriert,[10] und einen netten Gruß haben nur die wenigsten für sie übrig.

Günter Wallraff beschreibt seine Erfahrungen als Pförtner bei Gerling: »Als Portier oder Bote ist man ein Stück lebendes Inventar des Konzerns. Betritt man ein Büro, um Hauspost zu überbringen, ist man angehalten, nicht anzuklopfen, um Arbeits- und Gedankengänge nicht zu unterbrechen.« Er wird nicht begrüßt und bei seiner Arbeit nicht beachtet, muß aber »alles sehen, alles hören, alles wissen«.[11]

Ihre Stellung im Betrieb wird auch dadurch erschwert, daß sie der Betriebsleitung direkt unterstehen. Im eventuellen Konfliktfall eines Streiks, einer Aussperrung oder Betriebsbesetzung sind sie zwangsverpflichtet (vgl. Abb. 3). Sie müssen wachen und bespitzeln und alles direkt an die Betriebsleitung weiterleiten; mit der örtlichen Polizei zusammenarbeiten und oft genug gegen Arbeiter und Angestellte auch mit Gewalt vorgehen. Sie dürfen Waffen besitzen und tragen Uniformen und Funkgeräte. Auf ihren Streifen nehmen sie abgerichtete Schäferhunde mit, und ihre Zentralen sind mit allerbester Technik bestückt. Ihre Aufgaben sind klar umrissen, und seit 1975 gilt ihre Tätigkeit nach zweijähriger Ausbildung auch als anerkannter Beruf (›Meister für den Werkschutz‹). Aber sie sind keine Polizisten, und ihre rechtliche Position unterscheidet sich in nichts von dem eines Einfamilienhausbesitzers.

Der Werkschutz hat keine besonderen Befugnisse bei Ermittlungen, er darf keine Befragung erzwingen, er kann nur in Notwehr handeln, kann präventive Kontrollen nur in Abstimmung mit dem Betriebsrat durchführen und darf bei seinen Handlungen nicht die Würde des Menschen oder den Gleichbehandlungsgrundsatz verletzen. Aber im ›Ernstfall‹ kommt es doch immer wieder zu grotesken Überreaktionen: Nach dem Verschwinden eines Joghurtbechers wird ein Arbeiter der Opelwerke 1976 vom Ermittlungsdienst des ›Kameradendiebstahls‹ bezichtigt. Man verhörte ihn, fährt ihn nach Hause und durchsucht noch in der Nacht seine Wohnung ohne irgendein belastendes Ergebnis. Trotzdem sollte der Arbeiter am nächsten Tag fristlos entlassen werden.[12] – Ein fotografierender Spaziergänger sieht sich 1983 in Frankfurt auf der Straße plötzlich dem Werkschützer eines Chemieunternehmens gegenüber. Mit einem Bus kommen weitere Werkschützer herbei und zwingen ihn, mit auf das Werksgelände zu kommen, um die Personalien festzustellen.[13] – Ein Berliner Pförtner versperrt 1991 einem LKW die Einfahrt zum Werksgelände, weil die Laderampe besetzt ist. Als dieser dennoch versucht auf das Gelände zu fahren, wird die Schranke betätigt, die das Führerhaus des LKW zertrümmert.[14]

1973 sprach der *stern* noch von »Privatarmeen«[15], als »schwarze Sheriffs«[16] wurden sie in den achtziger Jahren beschimpft, während sie heute zunehmend aus den Schlagzeilen verschwinden. Das Berufsbild hat sich radikal geändert. Sowohl der schwerbewaffnete, in schwarze Lederjacke gezwängte Bodyguard als auch der nicht mehr voll einsatzfähige Betriebsangehörige, der in den Nachtwächter- oder Türsteherdienst abgeschoben wird, gehören der Vergangenheit an. Mit umfangreichen Schulungen werden die Angestellen des Werkschutzes heute auf die sich ständig ändernden Anforderungen eingestellt. In den Personalabteilungen wird immer mehr der junge ausgebildete Wachmann gesucht.

Dienst in Uniform

Während die ersten Nachtwächter noch bis Mitte des 18. Jahrhunderts mit Lanze und Mütze ihren Dienst versahen, wird die Uniform mit der beginnenden Verschmelzung des zuvor eigenständigen Nachtwachwesens mit der Schutzmannschaft immer mehr derjenigen der Polizei angepaßt. In Berlin präsentiert sich der Nachtwächter ab 1891 mit halblangem Seitengewehr und Helm, ähnlich dem Schutzmannshelm. Die ersten privaten Wachgesellschaften entstehen, weil die Polizei die Übernahme des Schließdienstes für die Bürgerhäuser ablehnt. In amerikanischen Städten ist eine Art Privatpolizei entstanden, ihre Uniform sollte sie als ›Polizisten‹ ausweisen. Die ersten in Berlin um 1910 gegründeten Wachgesellschaften orientieren sich bei den Uniformen an denen der örtlichen Polizei. Dies bleibt noch bis in die siebziger Jahre deutlich erkennbar, mit einer Ausnahme: Als die Wachgesellschaft ›DSW‹ im Mai 1945 ihre Tätigkeit wieder aufnahm, fehlten fast sämtliche Uniformen und Kontrolluhren, sie waren in den letzten Kriegstagen ›verlorengegangen‹ . . .[17]

Heute werden die Uniformen zunehmend grauer, der Wunsch, sich von Polizei, Privatpoli-

4 Pförtner am Tor 1 der AEG in verschiedenen Dienstuniformen, 1909.

5/6 ›Gläserne‹ Torwächterhäuser in Hamburg, um 1960.

zei, Sheriff oder gar Armee abzugrenzen, ist deutlich erkennbar. Zwar bleibt die Uniform als Dienstkleidung vorgeschrieben, aber trotz Emblem an Arm, Mütze oder Revers wirkt diese zivil.

Dienst gegen die Betriebsangehörigen

Aber nicht nur die Uniform hat sich geändert, sondern vor allem das Arbeitsumfeld. Mit der beinah perfekten Bewachung der Firmen vor dem Eindringling rückt immer mehr der eigene Mitarbeiter in den Mittelpunkt der Kontrollmaßnahmen.

Alfred Krupp umriß die Aufgaben einer unternehmertreuen Betriebspolizei 1876: »Wie hoch auch immer die Kosten sein mögen, alle Arbeiter müssen ständig von energischen und erfahrenen Männern überwacht werden, die für jeden Saboteur, Faulenzer oder Spion, den sie entlarven, eine Prämie erhalten.«[18] Sicherheitsfachleute weisen heute darauf hin, daß die Betriebssicherheit mit der richtigen Personalpolitik beginnt. Der beste Schutz ist ein gutes Betriebsklima, denn Diebstahl, Spionage und Geheimnisverrat sind Delikte, die hauptsächlich von innen begangen werden. So betreffen die meisten Diebstähle die Produkte der eigenen Herstellung, die die Belegschaft am Pförtner vorbei hinausschmuggelt. Da die komplizierte Rechtslage direkte Verdächtigungen der Mitarbeiter erschwert, regeln heute Zufallsgeneratoren die Torkontrollen.

Zur Achillesferse der Firma wurde jedoch die Computerzentrale (Abb. 8), die, mit zusätzlichen Kontrollen versehen, in besonderen Gebäudeteilen untergebracht ist und ständig unter schärfster Bewachung steht. Hier geht man davon aus, daß trotz aller Sicherheitsvorkehrungen jemand mit einer Spezialapparatur eindringen kann. Für Computerfachleute sind indes vor allem ›Insider‹ gefährlich. Ein ›Außenseiter‹ hätte wenig Chancen, diese Sicherungsvorkehrungen zu überwinden. »Und in der Tat: Die Befürchtung, daß trotz aller bis auf zehn Jahre und mehr in der Vergangenheit der Mitarbeiter zurückreichenden Zuverlässigkeitsprüfungen ›Verräter‹ bis ins Innerste (. . .) gelangen und dort auf die Stunde warten, verunsichert die elektronischen Herrschaftssysteme immer mehr.«[19] Die völlige Durchleuchtung der Beschäftigten, Fragen nach ihrer persönlichen Vergangenheit und vorherigen Arbeitgebern sollen Risiken verringern. Zusätzliche Auskünfte werden vom Arbeitgeber nicht nur beim Verfassungsschutz eingeholt, sondern auch bei privaten Organisationen.

Eine neue Überwachung könnte diese Gefahr verringern. Olivetti entwickelte ein System, mit dem jeder Mitarbeiter zu jeder Arbeitszeit seinen Aufenthaltsort anzeigt. »Die Mitarbeiter tragen an Jacketts oder Gürteln Abzeichen, die es einem Netz von Computern erlaubt, ihnen auf der Spur zu bleiben. Die Plaketten sind mit Transistoren bestückt, die in Abständen von enigen Sekunden Signale abgeben. In jedem Raum des Gebäudes sind Infrarot-Sensoren angebracht, die diese Signale erfassen und an Personalcomputer weiterleiten.«[20] Die Aufenthaltsorte jedes Mitarbeiters können so jederzeit verfolgt werden und über acht Stunden am Tag im Computer gespeichert werden. Ein zu langer Aufenthalt an der Systemkonsole könnte dann verhängnisvoll werden.

Aber so fragte sich der eingangs erwähnte Bundesminister schon 1985. »Welche Sicherheit wollen wir, mit welcher Sicherheit wollen wir leben?«

7 Pförtner an der Pforte 1 bei Siemens in Augsburg, 1987.

8 Computerzentrale bei Siemens in München-Neuperlach, 1989.

Anmerkungen

1 Volker Hauf in: Klaus Staeck (Hrsg.), *Alles unter Kontrolle?*, Göttingen 1983, S. 29
2 Werner Meyer-Larsen, *Der Orwell-Staat 1984*, Reinbek 1983.
3 Ebenda.
4 Wolf Gunter Brugmann, ›Scharfe Verhöre und rüde Ermittlungsmethoden‹ in *Frankfurter Rundschau*, 11.12.76.
5 A.a.O. (Anm. 1).
6 Nicole Steuglin, in *Frankfurter Allgemeine Zeitung*, 19.8.88.
7 Interview des Verfassers mit einem Wachschutzleiter, März 1991.
8 Siegfried Hildebrand, ›Pförtner‹ in *Zirkel schreibender Arbeiter*, Jena 1986.
9 A.a.O. (Anm. 6).
10 A.a.O. (Anm. 7).
11 Günter Walraff, *Wallraff war da*, Göttingen 1989, S. 145.
12 A.a.O. (Anm. 4).
13 *Frankfurter Rundschau*, 9.12.83 (enk).
14 A.a.O. (Anm. 7).
15 *Stern*, 3.4.73.
16 ›Blick durch die Wirtschaft‹ in *Frankfurter Allgemeine Zeitung*, 29.10.81
17 Jubiläumsschrift der Firma ›Deutscher Schutz- und Wachdienst‹, 1975.
18 *Frankfurter Rundschau*, 7.1.76.
19 Robert Jungk, ›Wie der Große Bruder die Kontrolle verliert‹ in: a.a.O. (Anm. 1).
20 Michael Klein, in *Süddeutsche Zeitung*, 5.9.91.

Der starke Ferdinand – ein Film von Alexander Kluge

»Ich habe ihn in die Backe geschossen,
weil unser Leben keinen genauen Sinn hat.
Da kann man nicht immer genau schießen.«

Ferdinand Rieche

1 Schlußszene aus Alexander Kluges Film *Der starke Ferdinand*.

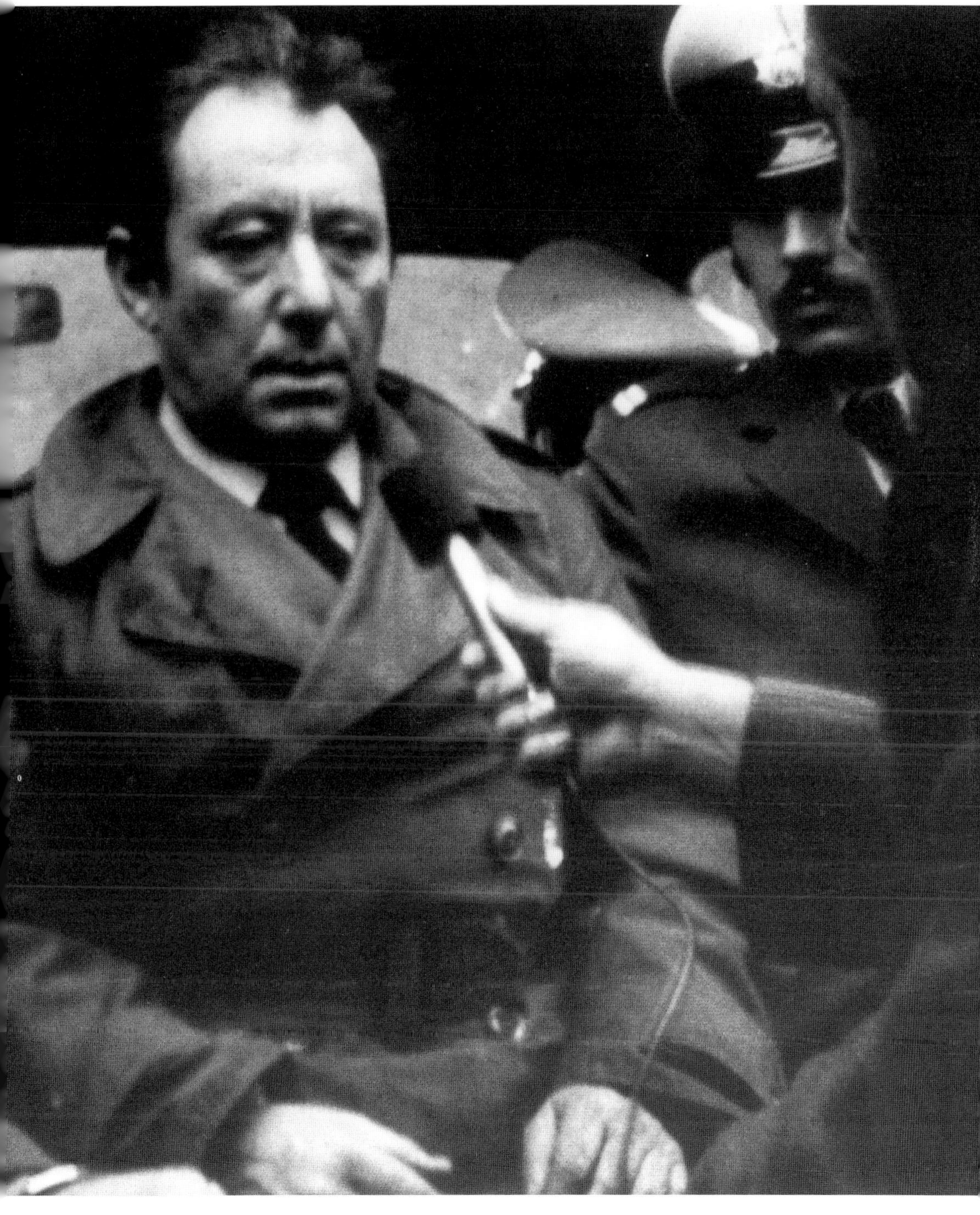

Bundesrepublik Deutschland 1975–76. Regie: Alexander Kluge. Buch: Alexander Kluge, nach seiner Erzählung *Ein Bolschewist des Kapitals*.

Der ›starke Ferdinand‹ ist ein wegen Tüchtigkeit am falschen Platz aus dem Polizeidienst entlassener Kommissar. Mit fünfzig Jahren findet er in einer großen chemischen Firma als Chef des Werkschutzes eine neue Anstellung. Er soll eine aktionsfähige Gruppe bilden, die streng an das Legalitätsprinzip des Rechtsstaates gebunden bleibt. Skandale und Pressemeldungen in der Öffentlichkeit sollen vermieden werden. Ferdinand Rieche funktioniert tüchtig und handwerklich genau. Doch plötzlich explodieren im Werksgelände Bomben. Der Vorstand der Fabrik stellt Rieches bisherige Aktivitäten in Frage und fordert bei drohender Entlassung Verschärfung des Werkschutzes. Rieche, dessen Sicherheitskategorien dieser Forderung entgegenkommen, greift mit seinen unseelig phantasievollen Übungen und Maßnahmen zur Kriminalitätsbekämpfung selbst mehr und mehr zu kriminellen Methoden. Mit einer Strumpfmaske getarnt, probt er einen Überfall auf die eigene Firma. Durch minutiöse Recherchen und enormes persönliches Engagement überführt er ein Mitglied des Vorstandes seiner Firma des ›Landesverrats‹, das heißt der Übereignung des Unternehmens an einen multinationalen Konzern.

Doch das des Verrats bezichtigte Vorstandsmitglied ist stärker; Rieche wird gefeuert. Die Mißachtung, die ihm zuerst als Kriminalbeamter und dann als Werkschutzleiter von allen Seiten entgegenschlägt, treibt ihn zu einer weiteren Aktion. Der starke Ferdinand schießt einem Bonner Minister aus dem Hinterhalt in den Mund, um zu beweisen, wie ungeschützt der Rechtsstaat gegen Feinde ist.

In der Schlußszene erklärt er in einem Polizeiwagen einem Reporter seine absurd-logische Lebensphilosophie:

Reporter: Hatten Sie vielleicht politische Gründe?
Ferdinand Rieche: Schutzpolitische. Ich wollte zeigen, daß ein Attentäter an den Herrn Minister trotz Absperrung herankommen könnte, daß wir, wenn wir für die Gegenseite arbeiteten, dies jedenfalls fertigbrächten. Es bedeutet, daß Bedarf für unsere Leistung besteht. Daß ich den Herrn Minister hierbei in die Backe traf, bedauere ich. Ich habe lediglich auf die Mauer hinter dem Minister gezielt. Der Schuß sollte in einem Abstand von einem halben Meter an seinem Gesicht entlangzischen.

Reporter: Aber für die Tat in Ihrem Sinne wäre es doch besser gewesen, Sie hätten nicht getroffen?
Ferdinand Rieche: Dann hätte ich näher herangemußt und wäre am Mündungsfeuer erkannt worden.

Reporter: Aber jetzt sind Sie auch so gefaßt worden.
Ferdinand Rieche: Das wußte ich zu diesem Zeitpunkt noch nicht.

Reporter: Aber Sie kalkulierten es ein.
Ferdinand Rieche: Gewiß.

Reporter: Sind Sie nun mit dieser Art von Erfolg zufrieden?
Ferdinand Rieche: Selbstverständlich nicht.

Reporter: Aber haben Sie denn was anderes erwartet?
Ferdinand Rieche: Irgendwie muß man sich äußern.

Reporter: Mit dem Schießeisen?
Ferdinand Rieche: Wir müssen, weil wir sonst das, was wir können, nicht einsetzen können. Wir sind Realisten.

Reporter: Was wollten Sie denn Praktisches erreichen?
Ferdinand Rieche: Ich habe darüber ausführlich gearbeitet. Zunächst wäre erforderlich, daß wir dürften, was wir können.

Reporter: Und der Schuß auf den Minister, der ihm einen Teil des Kiefers und der Zähne zerschlug, das war ein Beitrag dafür?
Ferdinand Rieche: Wie gesagt, war das ein Fehlschuß.

Reporter: Sie haben vorhin Ihr Können unterstrichen, und dann haben Sie nicht einmal genau gezielt.
Ferdinand Rieche: Der Fehlschuß ist dem Umstand zuzuschreiben, daß der Minister sich bewegte.

Reporter: Aber das mußten Sie einkalkulieren.
Ferdinand Rieche: Hab ich auch.
Reporter: Dann wollten Sie sich eigentlich nach der Tat stellen.
Ferdinand Rieche: Die Beamten vom 14. Kommissariat hätten mich nicht bekommen. Aber da die Herren von der Sicherungsgruppe Bonn jünger sind, ausdauernder laufen und ein kreatives Training im Finden von Auswegen wie auch ich absolviert haben, dürfte es sicher sein, daß sie einen Attentäter, nachdem er geschossen hat, immer fangen. Dies dient jedoch nur der Strafgerichtspflege, nicht aber der Verhinderung von Attentaten.

Reporter: Dann gingen Sie das Risiko eines Fehlschusses bewußt ein? (Rieche zieht das Mikrophon an sich, so daß der Interviewer ihn nicht unterbrechen kann. Er weiß, daß sein nächster Gedanke länger sein wird, als es der Interviewer zulassen würde).
Ferdinand Rieche: Jawohl. Die Taktik – sagt unser Gegner, und wir sind durchaus bereit vom Gegner zu lernen – ist die Verlängerung der Strategie in die Praxis. Setzen wir statt Strategie Sinn, so muß ein Unbestimmtheitsfaktor, der sich auf den Sinn unseres ganzen Tuns bezieht, sich auch auf das Handeln im Einzelnen auswirken. Man kann heutzutage ohne Risiken überhaupt keinen Betrieb mehr aufrechterhalten. (Rieche läßt das Mikrophon, welches der Interviewer ihm mehrmals aus der Hand zu reißen versucht, wieder los.)

Reporter: Können Sie das mal etwas einfacher ausdrücken?
Ferdinand Rieche: Ja gern. Ich habe ihn in die Backe geschossen, weil unser Leben keinen genauen Sinn hat. Da kann man nicht immer genau schießen. (Rieche lehnt sich zurück. Wieder einmal hat er Millionen erreicht. Für ihn ist das Interview vorbei. – Später: Rieche ist immer noch im Polizeiwagen. Das Interview ist vorbei. Rieche versucht sich mit seiner gefesselten Hand die Backe zu kratzen. Mit Handschellen funktioniert dies nicht.)

Vom Werktor zum Monitor: Über unternehmensfreundliche und unternehmensfeindliche Transporte

Ute Ziegler

Die nebenstehenden Filmstreifen zeigen eine Szene aus *La sortie des usines (Der Ausgang der Fabrik)*, 1885 von den Gebrüdern Lumière gedreht. Sie markiert den Anfang der Kinematographie. Für die Betrachter unsichtbar, wird der Film durch seine seitliche Perforation transportiert. Dort setzen die Zahnräder des technischen Projektors an, um die vielen Einzelbilder in einen Bilderfluß zu bringen.
Mit der nächsten Evolutionsstufe der technischen Sinnenmedien beginnt die ›Anästhesierung‹ dieses Filmbildes. Konrad Zuse (geb. 1910), der Erfinder des Computers (*Z 1*, 1936–38), benutzte den vorhandenen analogen Film als Informationsträger – Vorläufer der heutigen Diskette oder Festplatte. Ähnlich wie bei Lochkarten wurden seine Programme in Filmstreifen gestanzt. Mit der dritten Stufe der Informationsbewegung beginnt die reale Zerstörung der Bilder, wie es die nebenstehenden Lochungen in den Filmstreifen zeigen. Was Konrad Zuse allerdings nur mit schwarzem Filmmaterial machte, veranschaulicht Fritz Balthaus mit seiner Arbeit am ersten Film über das Werktor, in der er das erste filmisch aufgezeichnete Werktor mit dem rechenräumlichen Werktor zusammenbringt (rechter Filmstreifen). Das technische Augenbild Film wird von den gelochten Regelungen des technischen Gehirns zersetzt.

»In einer Gesellschaft sind die Wölfe die ersten Feinde, sie sind frontale Feinde und greifen frontal an. Gegen Wölfe kann man sich durch Mauern und Festungen wehren und schützen. Eine neue Generation von Feinden, die Ratten agieren nicht mehr frontal, sondern unterirdisch. Gegen sie sind Mauern und Festungen unnütz geworden. Es entwickelt sich eine noch cleverere dritte Generation von Feinden, die Kakerlaken. Sie bewegen sich nicht mehr nur frontal oder unterirdisch, sondern in drei Dimensionen. Schließlich bekämpft man Ratten und Kakerlaken erfolgreich durch die Hygiene. Vielleicht ist man jetzt zu einer vierten Generation von Feinden, den Computerviren, gekommen. Sie bewegen sich in einer Art vierter Dimension. Man weiß nicht mehr, in welchen Räumen sie sich bewegen, man hat keine Schutzmaßnahmen gegen sie.«[1]

Die industrielle Revolution hat Anfang des 19. Jahrhunderts die Produktionsprozesse durch Maschinen fortschreitend beschleunigt und spezialisiert. Der menschliche Bewegungsapparat, der seine natürlichen Grenzen hat, wurde durch die gleichförmigen Produktionsbewegungen der Maschinen Schritt für Schritt überholt. Entsprechend wurde das Kommunikations- und Transportwesen (Dampfschiffe, Eisenbahn, Telegraph) im 19. Jahrhundert maschinisiert, elektrifiziert und damit beschleunigt. Die gewohnten Raum- und Zeitkoordinaten der menschlichen Beziehungen veränderten sich gravierend.

Während im 18. Jahrhundert Fabrikkomplexe oft ohne Tor und umgrenzenden Zaun (Mauer) auf freiem Feld stehen, wird durch das beschleunigte Transportwesen im 19. Jahrhundert das Abfangen bzw. der Schutz vor Gefahren durch Umgrenzungen und Mauern notwendiger. Besitz, besonders Betriebsgeheimnisse und Werkanlagen müssen geschützt werden. Durch ausgewählte Standorte werden Industriekomplexe direkt an beschleunigende Infrastrukturen wie Eisenbahn und Schiffswege angeschlossen. Eine Unterscheidung zwischen unternehmensfreundlichen und unternehmensfeindlichen Transporten kann nur an einem von Zäunen und Mauern umgebenen Terrain vorgenommen werden. Das Werktor ist das Entscheidungsgatter, der Ort, an dem zwischen Innen und Außen unterschieden wird.

Um die gesamte Entwicklung zwischen vorindustrieller und postindustrieller Zeit unter einem gemeinsamen Nenner fassen zu können, wird hier die ›Information‹ als kleinster Baustein in allen genannten Epochen in der Weise aufgefaßt, wie Vilém Flusser sie universell dargestellt hat[2]: Obwohl ›Informieren‹ ursprünglich ›Formen in etwas graben‹ beziehungsweise ›In Form bringen‹ bedeutet, sind gegenwärtig eine ganze Reihe weiterer Bedeutungen dazugekommen. ›Informieren‹ ist zum Schlagwort geworden: Ein Stuhl ist in-formiertes Holz zum Zwecke des Sitzens; ein Tor ist in-formiertes Eisen zum Zwecke des Öffnens und des Schließens. Flusser geht zunächst von der Frage aus, was Gott eigentlich tat, als er den Menschen erschuf. Er nahm zuerst einen Gegenstand (Lehm) in seine Hand und in-formierte ihn (er hat Formen ›in ihn gegraben‹). »Informieren ist eine negative, gegen den Gegenstand gerichtete Geste. Die Geste eines gegen Objekte vorgehenden Subjekts. Sie gräbt Löcher in Gegenstände.«[3] Gegenstände jedoch sind tückisch. Ihre Tendenz zum Verfall wird mit der Zeit alle Informationen, die in die Gegenstände eingegraben wurden, verwischen. Vor der Erfindung der elektromagnetisch übertragenen Information war man vor die Wahl gestellt, entweder mühevoll harte Materialien wie Marmor oder mühelos weiche Materialien wie Lehm zu ›informieren‹. Marmor hat ein längeres Gedächtnis als Lehm. Es gab einen Ausweg aus diesem Dilemma: Man schrieb in Lehmziegel und brannte diese anschließend. Man wählte einen weichen Gegenstand, ›informierte‹ ihn, härtete ihn, um ihn zu zwingen, nicht so schnell zu vergessen. Die Erfindung des Ziegelbrennens zum Zwecke einer Gedächtnishärtung ist eine Hochleistung des ›Geistes‹, genauso wie die Erfindung der Computergedächtnisse und -Speicher. Diese Erfindungen sind Variationen eines Themas: Informationen erzeugen, sie weitergeben und die dauerhaft speichern.

Beim Transport von Informationen ist von drei Entwicklungsstufen der Technik auszugehen, mit denen ein Unternehmen umzugehen hat. Dieser Dreistufigkeit folgend hat ein Unternehmen, das nur mit realen Dingen operiert, andere Voraussetzungen als eines, das plötzlich analoge Medien hinzugewonnen hat. Die digitalen Medien haben die Informationsgüter sogar immateriell werden lassen. Um dieser technischen Entwicklung jeweils Genüge zu tun, mußten sich auch die Sicherheitsstrategien real, analog und digital weiterentwickeln, um effektiv arbeiten zu können.

»Der Mensch als Maß aller Dinge und die Maße der Dinge selbst relativieren sich.«[4] In diesem Satz von Peter Weibel deutet sich schon an, daß sich durch die Industrialisierung und Postindustrialisierung bestimmte Konstanten und Größenordnungen verändert haben. Im 18. Jahrhundert wurde der nichtmaschinelle Transport von Informationen noch mit Transportmedien wie Pferd, Boot und Kutsche durchgeführt. Im 19. Jahrhundert setzte eine stark veränderte Phase des Transports von Informationen ein, die hier als erste Stufe beschrieben wird.

Erste Stufe

Der maschinelle Transport überwindet Raum und Zeit durch Eisenbahn, Dampfschiff und Automobil. Das Transportierte und der Transport, materielle Information und Transportmedium sind sinnlich und real. In Form gebrachte Dinge und Gegenstände, ›informiertes‹ Material also, werden von in Form gebrachten Dingen und Gegenständen bewegt. Die Größenverhältnisse der ›informierten‹ und transportierten Dinge bleiben in einer Relation von 1 : 1. Der Körper ist noch an der beschleunigten Bewegung beteiligt. Diese Stufe ist von der materiellen, körperlichen und maschinellen Überwindung räumlicher und zeitlicher Distanzen geprägt.

Ein unternehmensfeindlicher Transport von mechanisch ›informierten‹ Dingen kann durch Zäune und Mauern verhindert werden. Das Werktor wird durch den personellen Wahrnehmungsapparat von Pförtnern und Werkschutz ein Ort der Kontrolle. Derartige Sicherheitsmaßnahmen sind durch die natürliche menschliche Wahrnehmung begrenzt, können mechanische Diebstähle und Einbrüche verhindern. Das Werktor kann geöffnet und verschlossen werden. Hier schließen die für das Tor gefertigten Schlüssel. Der mechanische Schließcode, der eiserne Schlüsselbart ist ›in Form‹ gebracht worden und informiert das ›informierte‹ Schloß.

Zweite Stufe

Ab 1900 setzt eine stark veränderte Phase des Transports von Informationen ein. In der zweiten Stufe werden nicht mehr nur die ›in Form‹ gebrachten Dinge und Gegenstände selbst transportiert und verschickt, sondern auch die von den Dingen und Gegenständen hergestellten analogen Informationsformen. Als fotografische Ablichtungen und akustische Aufzeichnungen werden sie telegrafisch und telefonisch bewegt. Die dafür erforderlichen Erfindungen wurden im 19. Jahrhundert gemacht: Elektrizität, Telegrafie, Telefon, Fotografie und Film. Samuel Morse hat mit seiner Erfindung des elektrischen Telegrafen die grundlegenden Voraussetzungen für die Bild- und Nachrichtenübertragung in eine beliebige Ferne geschaffen. Bilder werden Zeile für Zeile in eine Folge von Informationen verwandelt und diese in elektrische Impulse, die der Empfänger durch ein Empfangsgerät wieder rückverwandelt. »Damit schuf er einen grundlegenden Paradigmenwechsel: Der Güter- und Menschentransport wurde in einen Informations- und Signaltransport umgewandelt. Indem erstmals die Möglichkeit gegeben war, reine Information zu senden, ohne Körper oder Maschinen als Träger bzw. Medien, wurde der Grundstock zur postindustriellen Informationsgesellschaft gelegt.«[5]

Das 20. Jahrhundert hat diese Erfindungen perfektioniert. Bild/Form und Zahlen/Form sind vom Körper losgelöste Äußerungen. Über die Erfindung der analogen Medien besteht die Möglichkeit ›informierte‹ Dinge in der Relation 1 < 1 zu verkleinern, zu vervielfältigen und fernzuverschicken. Medien wie Telegrafie, Telefon usw. übertragen Teile und Aspekte des Körpers (sein Bild, seine Stimme). Die Informationen können losgelöst vom Körper transportiert werden.

Ein unternehmensfeindlicher Transport von Informationen ist in dieser Stufe in vielen Bereichen nicht mehr durch schützende Mauern und Zäune abzuwehren. Die Kontrollen am Tor durch Pförtner und Werkschutz sind durch die Möglichkeit der Verkleinerung von Information in vielen Fällen nicht mehr effektiv. Die Kontrollorgane verlagern sich daher von der Peripherie des Werkgeländes und seinem Durchlaß (Werktor) immer mehr ins Werk hinein: Geheimnummern, Dechiffriergeräte, Telefonüberwachung und Zahlenschlösser. Mag die Taschenkontrolle bei der ersten Stufe noch erfolgreich gewesen sein, so wird durch die verkleinerte Information 1 < 1 (z.B. Mikrofilm) die Suche erheblich erschwert.

Dritte Stufe

Die dritte Stufe ist durch den Übergang von analogen zu digitalen Medien gekennzeichnet. In ihr setzt sich die Tenzenz zur Entkörperlichung radikal fort. Die digitalen Codes reduzieren die sichtbare Form auf 1 : 0. ›In Form gebrachte‹ Dinge und Gegenstände werden hier nicht mehr selbst transportiert, auch nicht mehr ihre analoge Ausformung als Pläne, Fotos und Beschreibungen. Computer Aided Design (CAD) und Computer Aided Manufacturing (CAM) nennen sich die Computerprogramme, mit denen die Materialien an fernen Orten ›informiert‹ werden. Bis zur Einführung von CAD und CAM existierten Gestaltung, Produktion und deren Versand als Vorgänge getrennt. Computergestütztes Arbeiten verschmilzt diese Prozesse zu einem einzigen Schritt. Programme und Arbeitsabläufe werden mittlerweile für alle produzierenden Werkzeugmaschinen geschrieben und verschickt, so daß eine Drehbank oder ein Fließbandroboter in Übersee ohne weiteres mit einem in Europa geschriebenen Arbeitsprogramm prozessiert werden kann, womit der weltweite Transport realer Produkte der Tendenz nach überflüssig wird. Auch analoge Fotos und Texte der zweiten Entwicklungsstufe werden digitalisiert und auf denselben Wegen weltweit rangiert. Mit Programmen für Computer geschieht dies ohnehin. Bereits der Computerchip selbst und sogar ganze Fabriken werden am Computer geplant, simuliert und produziert. Chips produzieren Chips. In diesen Fabrikationen und Realisierungen sind die rechnerförmigen Mauern und Werktore mit eingebaut. Die Gesamtheit des Rechners hat die Fabrik, die Einfriedung, die Produktion, das Fachwissen und den Transport in sich aufgenommen und funktioniert somit ohne die Aura der althergebrachten Traditionen.

Von Taten zu Daten

Die globale Vernetzung von Computersystemen erleichtert sowohl den unternehmensfreundlichen als auch den unternehmensfeindlichen Transport von Informationen. Indem sich die digitale Arbeitsmöglichkeit verbessert, wird auch der Diebstahl effizienter. Der digitale Diebstahl kann vom Täter ohne Ortswechsel ausgeführt werden. Der digitale Dieb muß den Platz vor seinem Bildschirm nicht mehr verlassen, um Daten auszuspähen oder anzuzapfen. Er holt sich die Informationsgüter per Telefonleitung an den gewünschten Ort, indem er sich ins Netz einloggt. Werkgrenzen, Mauern und Tore werden transparent, weil sie von den neuen Informationswegen umgangen werden. Die digitale Gefahr dringt im Gegensatz zur mechanischen nicht mehr durchs Werktor in das Unternehmen ein, sondern durch den Rechner. Durch die Rechnertechnologie hat sich ein neues Einfallstor für unternehmensfeindliche Transporte entwickelt. Der Monitor macht die Informationen sichtbar und wird so zum ›visuellen Tor‹. Der Monitor wird zum Werktor.

Die Funktionstüchtigkeit der meisten Unternehmen hängt heute vom störungsfreien Ablauf ihrer Datenverarbeitung ab. Die Sicherheitsrisiken, die durch die Vernetzung entstehen, sind allgemein bekannt. In den wenigsten Fällen werden allerdings die elementarsten Zugangskontrollen wie Paßwörter, NUI für Netzwerke, Anti-Viren-Schutzmaßnahmen usw. korrekt gehandhabt. Die Aufgaben des Werkschutzes werden in dieser Stufe von den Datenschutzabteilungen übernommen.

Unternehmen müssen zur globalen Organisation ihrer Existenz auch heute noch alle drei genannten Stufen berücksichtigen. Es gelingt allerdings nur sehr wenigen Firmen, ihre technischen und technologischen Sicherheitsstrategien vollstufig zu entwickeln. Die Unternehmensziele, die Informationsströme und die Datenstruktur kollidieren mit den Sicherheitserfordernissen. Die Effektivität eines Systems hängt von der allgemeinen Durchlässigkeit und Zugriffsfreundlichkeit ab. Damit steigen proportional auch die Gefahren. Alle drei Stufen bergen letztlich Sicherheitsrisiken, die sich nicht nur auf den technischen, sondern auch auf den menschlichen Faktor beziehen. Den mentalen Transport von Informationen über das menschliche Gedächtnis, die optische und akustische Abspeicherung, hat es in allen drei Stufen schon immer gegeben. In der dritten Stufe hat sich eine neue Form von Unternehmensschädigung und Sabotage entwickelt: die Computerkriminalität. Zu den Erkenntnissen über diese Kriminalität gehört, daß Straftaten häufig von Firmenangehörigen begangen werden. Die Unternehmen versuchen dieser Gefahr einerseits durch loyalitätsfördernde Konzepte, andererseits durch regelmäßige Überprüfungen und Anfragen bei Sicherheitsbehörden entgegenzuwirken.

Im Zeitalter der Informationsgesellschaft verändern sich auch die digitalen Gefahren, die Formen der Unternehmenssabotage, die von außen drohen. Die eingangs skizzierte metaphorische Genealogie der Gefahren von Jean Baudrillard veranschaulicht diese Veränderungen sehr prägnant, auch wenn Computerviren nur Programme sind, die von Menschen geschrieben und eingesetzt werden – ob nun zu konstruktiven oder zu destruktiven Zwecken. Gegen diese

Form digitaler Gefahren einer vierten Dimension ist noch kein umfassender Schutz möglich. Wie im medizinischen Bereich können Gefahren erst dann gezielt bekämpft werden, wenn sie genau erkannt worden sind.

Computerprogramme, die als Viren oder ›trojanisches Pferd‹ bezeichnet werden, können ganze Datenbestände löschen oder systematisch verfälschen. Ist eine Rechnerfestplatte mit einem Virus infiziert, so fällt es dem Anwender oft schwer, ihn zu erkennen und geeignete Gegenmaßnahmen zu ergreifen. Mittlerweile sind weltweit über vierhundert verschiedene Computerviren aufgetaucht. Sie reichen von harmlosen Spielviren bis hin zu hinterhältigen Exemplaren, die sich nicht zu erkennen geben und deren Angriffsmoment unklar ist. Beim Virus ›Herbstlaub alias Black Jack‹ fallen in den Herbstmonaten die Buchstaben wie Blätter an den unteren Bildrand. Unter Umständen sind die Ein- und Ausgaben nicht mehr sichtbar. Neueste Versionen ›entlauben‹ sogar das ganze Jahr über.[6] ›Herbstlaub‹ ist ein ästhetisch programmierter Virus, dessen Ablauf auf dem Monitor sichtbar wird – im Gegensatz zu rein funktionalen Viren, die zunächst unsichtbar agieren. Über Programme gelangen die Viren ins Werk, und der Monitor als ›visuelles Tor‹ sorgt für die Sichtbarmachung. Dies liegt teilweise am Leichtsinn der Anwender. Rechner mit großen Speicherkapazitäten verführen zum Horten von Programmen. In jedem neuen Computerspiel kann ein Virus lauern, der bestimmte Netze infizieren kann.

Chancen und Gefahren einer Informationsgesellschaft werden angesichts der Verknüpfung von Computern zu Netzwerken deutlich. Hundertschaften von Ingenieuren und Programmierern arbeiteten weltweit jahrzehntelang an der Installation von Netzwerken. Anfang der achtziger Jahre fielen Hacker durch spektakuläre Aktionen auf. Sie drangen über die Telefonleitung in fremde Netze ein und unternahmen Datenreisen durchs globale Dorf. Der Hamburger Chaos Computer Club wurde durch seinen Telebox-Coup und Sparkassen-Coup bekannt. Mit dem geheimen Paßwort der Hamburger Sparkasse sind die Hacker ins Btx-System geschlüpft und konnten auf Kosten der Sparkasse in einer Nacht 135.000 DM abrufen.[7] In solchen Coups wurde der scheinbar diskrete Computer in einer scheinbar perfekten Informationsgesellschaft durch die neuen Experten für Computerkommunikation und Datenschutz entlarvt. Die Hackerspielchen ließen zum erstenmal deutlich werden, wie löchrig Computersysteme in Wirklichkeit sind.

Diese verhältnismäßig neuen Sicherheitsprobleme bringen die Unternehmen in eine paradoxe Situation. Der Zweck der Vernetzung – die Informationen eines Unternehmens jederzeit und überall verfügbar zu halten – erweist sich als entscheidender Schwachpunkt. Da alle Daten über das öffentliche Telefonnetz transportiert werden, können sie theoretisch jederzeit angezapft werden. Auch die Zerlegung von Sprache, Texten und Bildern in unzählige 0/1-Ketten, die in verschiedenen Paketen auf die Reise geschickt werden, sind theoretisch durch technische Verfahren abzufangen. Die Schutzmaßnahme der Zukunft heißt Kryptographie: eine Verschlüsselungsmethode. Bevor sensible Daten ins Netz gelangen, können sie nach einem geheimen Schlüssel so entstellt werden, daß damit nichts anzufangen ist. Der legitime Empfänger entschlüsselt den Buchstaben- und Zahlensalat wieder. Die Entwicklung von massenweise einsetzbaren Verschlüsselungsverfahren steht jedoch erst am Anfang. Durch Kryptographie kann das durch die Rechnertechnologie entstandene Einfallstor wieder verschlossen werden. Der digitale Schlüssel kann das digitale Tor öffnen und schließen.

Jene Sicherheitsmaßnahmen, die eine lückenlose Überwachung des Firmengeländes ermöglichen, richten sich immer noch gegen die Gefahren der ersten und der zweiten Stufe. Sie funktionieren mit Hilfe analoger und digitaler Medien, bilden aber keinen Schutz gegen die Gefahren einer vierten Dimension im Sinne von Baudrillards Gefahrengenealogie.

Telemetry Exchange, kurz ›Temex‹, heißt ein neues Informationssystem. Alarmsignale, die über ein engmaschiges, elektronisches Überwachungsnetz von Sensoren erfaßt werden, können über große Entfernungen vom vorhandenen Telefonnetz transportiert werden. Die Alarmsignale werden schnell und zuverlässig zu einer zentralen Leitstelle übertragen und ausgewertet.

Sensoren an den Zäunen rund um das Werkgelände reagieren auf jede Berührung. Sensoren im Erdreich des Freigeländes hinter den Zäunen melden jeden Schritt eines Eindringlings. Videokameras sichern hochsensible Werksbereiche zusätzlich ab.[8] In dieser kurzen Aufzählung unterschiedlicher Sensoren ist im Prinzip die vollständige Mechanisierung der menschlichen Wahrnehmung und deren Weiterleitung über das künstliche Nervennetz der Melde- und Telefonleitungen beschrieben. An dieser Stelle zeigt sich, daß die Mc Luhansche Externalisierung menschlicher Sinne und Nerventätigkeiten sichtbar vollzogen wird. Der menschliche Wahrnehmungsapparat ist in all seinen Qualitäten maschinisiert worden, wodurch die menschliche Aufmerksamkeit entscheidend verbessert wurde. In diesem Vergleich ist die Videokamera als Ausdehnung des menschlichen Auges und der sensibilisierte Zaun und Boden als Ausdehnung der menschlichen Haut zu verstehen. Die Telefonleitungen sind die Nervenstränge, die über diese Meldewege zum Rechnergehirn führen. Diese Maschinenkonfiguration bildet die Entsprechung zu den menschlichen Sinnesorganen, sie spürt im Prinzip nur die sinnlich wahrnehmbaren Gefahren auf.

Viren und digitale Eingriffe hingegen verändern das künstliche Nervensystem selbst. Naturgemäß können dessen Programme von Sinnen also nicht registriert werden. Wenn man in diesem Bild bleibt, dann sind Computersignale Nervenimpulse, die das Wahrgenommene hinter den Sinnen vertreiben. Wenn man sich vergegenwärtigt, daß nur die optische Form bis zum Auge, vom Auge selbst einsehbar ist und nicht ihre Verarbeitung hinter dem Auge zum Gehirn, dann wird auch klar, warum etwa Videokameras als Prothesen unserer Sinne nicht auch noch das sehen können, was an Formen von der Optik bis zum Bildschirm erzeugt wird. Sinne allein können Datenfluß und Entscheidung nicht einsehen. Datenfluß und algorithmische Entscheidungen sind Nerven und Hirntätigkeiten im McLuhanschen Sinne, die dementsprechend auch nur von digitalen Nerven und Hirntätigkeiten aufgespürt werden können. Damit erklärt sich das Verschwinden des informierten Realen zugunsten der lichtgeschwinden Informationsströme im unsichtbaren Netz.

Anmerkungen

1 Paraphrasiert nach Jean Baudrillard, ›Virustheorie‹ in *Kunstforum* 97, 1988, S. 248 f.
2 Vilém Flusser, *Die Schrift*, Göttingen 1987, S. 15.
3 Ebenda.
4 Kat. Ausst. *Vom Verschwinden der Ferne. Telekommunikation und Kunst,* hrsg. v. Edith Decker und Peter Weibel, Deutsches Postmuseum, Frankfurt am Main 70, Köln 1990, S. 20 f.
5 Ebenda, S. 25.
6 ›Epidemie im Computer‹ in *Wirtschaftswoche* 12, 45. Jahrgang, 1991, S. 108.
7 Vgl. Thomas Ammann, *Das Chaos Computer Buch*, hrsg. v. Chaos Computer Club und Jürgen Wieckmann, Hamburg 1988, S. 19.
8 Jan Bergrath, ›Schnüffler im Betrieb‹ in *Frankfurter Allgemeine Zeitung*, 26.6.1987.

Für hilfreiche Hinweise danke ich Fritz Balthaus.

Zeit und Zeitverständnis in der industriellen Arbeitsgesellschaft

Werner Siebel

1 Stempeln der Kontrollkarte in der Werkstatt, Borsigwerke, Berlin 1908. Die Kontrollkarte war vom Arbeiter vor Arbeitsbeginn (er trägt bereits seine Montur) und nach Schichtende in die Spalten KOMMT bzw. GEHT zum Bestempeln einzuführen.

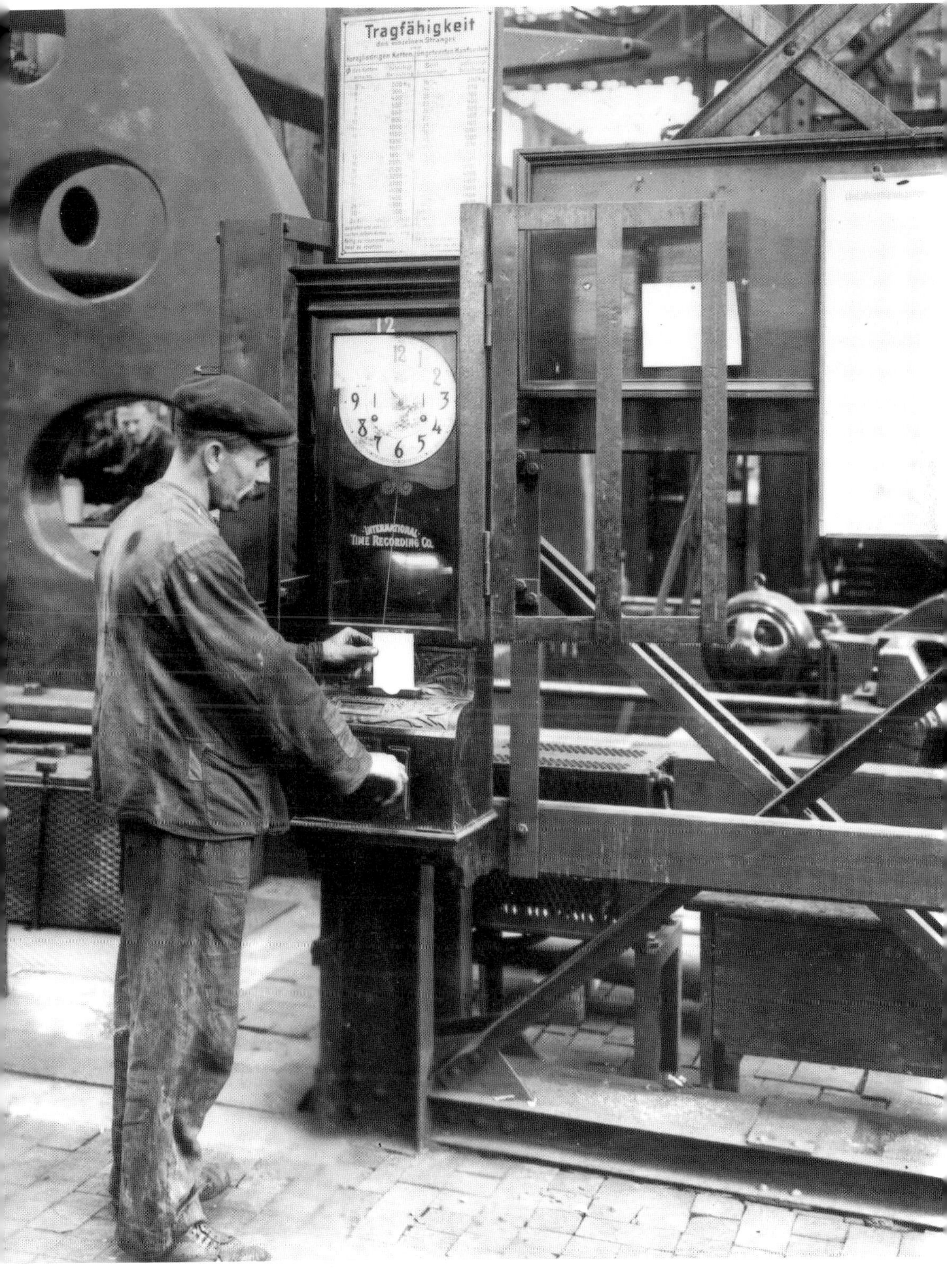
Tragfähigkeit
INTERNATIONAL TIME RECORDING CO.

Vieles hat der moderne Mensch mit Aufklärung und Wissenschaft in den Griff bekommen – die Zeit gehört nicht dazu. Sie ist bei aller exakten Meßbarkeit heute nicht besser zu bestimmen, als es der Stoßseufzer des Kirchenvaters und Philosophen Aurelius Augustinus aus dem 3. Jahrhundert ausdrückt: »Was also ist Zeit? Wenn mich niemand danach fragt, weiß ich es; will ich es einem Fragenden erklären, weiß ich es nicht.«

So wenig auch über den philosophisch-metaphysischen Charakter von Zeit bekannt ist, so sehr ist er in der Entwicklung der modernen Industriegesellschaft ein heiß umkämpfter Modernisierungsfaktor. Eingebunden in das Umfeld von Industrialisierung, Technisierung und Verwissenschaftlichung der Lebensbedingungen wird die Zeit zum Maßstab von Fortschritt und Entwicklung. Leben nach gemessener Zeit ist heute fester Teil modernen Alltags. Dabei ist der schnelle Blick zur Uhr so selbstverständlich wie der Blick des Bauern nach dem Wetter. So sehr ist rationelles Zeitverhalten Teil modernen Lebens, daß erst die individuelle oder gesellschaftliche Krise im Umgang mit der Zeit wieder die Frage nach dem Sinn von zeitfixierter Lebensführung aufwirft.

Der Zugriff auf Zeit und Raum hat das Leben der Menschen entschieden verändert. Die Trennung von Wohnung und Arbeit war offensichtlich der leichtere Teil, mit den gewohnten Erfahrungen zu brechen. Zeitverständnis und Zeitorientierung zu verändern, fiel weit schwerer. Zeitdisziplin ist dabei der wichtigste Bestandteil einer verinnerlichten Haltung und Gesinnung, auf der die industrielle Arbeitsgesellschaft aufbaut: Arbeitsmoral.[1] Im historischen Prozeß der Industrialisierung hat es lange gedauert, bis unter Zwang und Einsicht in die Arbeitsprozesse industrieller Produkte die menschlichen Verhaltensweisen soweit rationalisiert waren, daß Menschen, die es vorher nicht gewohnt waren, aus eigenem Antrieb pünktlich bei der Arbeit erschienen (vgl. Abb. 1 ff.; Abb. S. 99). Die Fabrik mit den zeitsynchronen Abläufen und den Möglichkeiten scharfer Kontrollen und Sanktionen war die wirksame moralische Anstalt der Moderne, in der die Tugenden modernen Lebens vermittelt wurden.[2] Begleitet wurde dieser Lernprozeß der Selbstdisziplinierung von einem Programm methodischer Lebensführung, das, einmal erlernt, manchmal auch als Diktatur der Pünktlichkeit, der Ordnung und des Fleißes empfunden wurde und wird, ohne die – so ist die weitverbreitete, aber nicht bewiesene Annahme – in der Industriegesellschaft nichts funktionieren würde. Inwieweit diese Normen verinnerlicht sind, zeigt allein die Tatsache, daß sie auf alle gesellschaftlichen Bereiche übertragen werden (man geht pünktlich zur Schule, zur Arbeit, zu Bett). Zeitdisziplin als Selbstdisziplin ist für die industrielle Arbeitsgesellschaft so wichtig, daß ihre Wirksamkeit ständig gefördert und kontrolliert wird. Die im ganzen privaten und öffentlichen Leben präsente Uhr ist hierfür Stütze und Kontrolle zugleich. Die moderne Zeitorganisation ist mit dem Besitz der Uhr dezentralisiert. Die dennoch ausgehängte Fabrikuhr hat mehr symbolische Funktion: Sie weist hin auf die Eigentumsverhältnisse an der Zeit als verkaufter und gekaufter Arbeitszeit. Der lange Arm der Arbeit reicht indes auch hier in das Private. Als besonderes Instrument mahnt der Wecker an die Tugend der Pünktlichkeit. Er zeigt auch, daß diese individuell verwaltet wird: Dagegen wird in Gefängnissen, Klöstern, Arbeitslagern und Kasernen, allesamt Institutionen, die Personen total verwalten, zentral geweckt. Auch die Fabrik hat sich aus diesem Kontext noch nicht gelöst. Im Gegensatz zu den genannten ›totalen‹ Institutionen ist die Funktionsfähigkeit der Fabrikorganisation aber nicht nur auf Gehorsam und Pünktlichkeit, sondern gleichzeitig auf selbstbestimmte Kooperation und Bereitwilligkeit angewiesen.

Der Kampf um die Zeit

Die historischen Wurzeln des Kampfes um die Zeit der Arbeit und um die Disziplin liegen vor der eigentlichen Industrialisierung. Sie wurden vor allem von der feudalen Obrigkeit mit ökonomischen Zielen und außerökonomischen Mitteln ausgefochten: Erlassen. So stellte Friedrich II. im Jahre 1783 mit einem *Edict wegen Abstellung einiger Mißbräuche besonders des sogenannten blauen Montags bey den Handwerkern* das Fehlen bei der Arbeit und den damit verbundenen Müßiggang unter schwere Strafe. Um den Handwerksgesellen einen Verzicht auf das traditionelle Recht auf eigene Zeit schmackhaft zu machen, empfiehlt er den Meistern, an den sonst freien Montagen mehr Lohn zu zahlen.[3] Zuckerbrot und Peitsche, ein Verfahren, das noch lange gelten wird in der Auseinandersetzung um die Zeit, wenn auch in neuen Formen.

Etwa 150 Jahre später ist die Lektion massenhaft gelernt, wie die Bilder der großen Industrie zeigen. Fabriksirenen und gigantische Hupen bilden das Zeitmuster, dem die Massen in Eile folgen. Eine zeitgenössische Postkarte illustriert das Phänomen wie folgt: »6 Uhr morgens ist die Zeit / wenn der Krupp'sche Esel schreit! / Dann rennt jeder, was er kann / mit und ohne Henkelmann. / Nur der dicke Rentner Feuchter / Eilt nicht! Seines Weges kreucht er / Plötzlich-da-ein-Stoß-ein-Schwupp / Fliegt sein Hut zum sel'gen Krupp. / Nun rennt er auch, wie besessen! / So sieht es aus früh 6 in Essen.«[4]

Die Vorherrschaft des industriellen Zeitverständnisses und Zeitgebrauchs ist heute nicht mehr unangefochten. Individuelle Versuche, zeitlich selbstbestimmt zu leben, auf Glückssuche, jenseits von Entfremdung und fester Einbindung in die protestantische Berufsethik, sind nicht nur Randerscheinungen eines kulturellen Wandels, in dem die Neubestimmung des Verhältnisses von Arbeit und Leben, Arbeitszeit und Lebenszeit eine wichtige Rolle übernimmt. Erlernte starre industrielle Zeitmuster stoßen auf Widersprüche im privaten Alltag und jetzt zunehmend auch in der Praxis der Arbeit. Zeitmuster, die nicht gelebt werden können, verlieren schnell ihren Wert. Und das ist nicht nur Zeitgeist, also universelles tägliches Leben der Epoche, und damit, nach einem Ausdruck von Hermann Broch, die Kehrseite der Modernität. Vielmehr scheint der Fortschritt der Industriegesellschaft in vielen Bereichen, und das gleichzeitig, auf selbsterzeugte Hindernisse zu treffen, die sich als existentielle Gefährdung erweisen könnten. Zerstörte Natur und zerstörte Zeit als Folge ungehinderten Fortschritts sind nicht mehr zu übersehende Zeichen. Dabei hatte es so gut angefangen mit der Schaffung einer eindeutigen und allen einsichtigen Zeitvorstellung für eine zunächst nur aufgeklärte und dann sich ganz und gar durch Wissenschaft, Arbeit und Technik identifizierende Zivilisation.

Im gewohnten Alltag scheint das, was Zeit ist, ohne Zweifel und eindeutig zu sein. Schon weit

2 Kontrollmarkenhalle, Borsigwerke Berlin, 1908. Durch den vor dem Haupttor gelegenen Eingang zur Markenhalle (vgl. Abb. S. 126 f.) betraten die Arbeiter das Werk.

3 Werbung für Stechuhren der Firma Normal-Zeit, 1931.

vor der Industrialisierung der europäischen Gesellschaft ist die Zeit in dieser Hinsicht wirksam rationalisiert worden. Aus der Naturwissenschaft erfolgte der Vorstoß, eine exakte, eindeutige Zeit von der Zeiterfahrung des jeweiligen Alltags zu trennen. Zeit wurde aus dem Zeit-Raum-Kontinuum des mittelalterlichen Denkens emanzipiert und zur pysikalisch definierten Kategorie umgeformt. Sie ist damit ein kontinuierlich-linearer Fluß, der in beliebig kleine, aber gleiche Einheiten unterteilt werden kann. Isaak Newton nimmt diese teilende Definition 1687 in seiner *Philosophiae naturalis principia mathematica* vor: »Diese absolute, wahre und mathematische Zeit verfließt an sich und vermöge ihrer Natur gleichförmig und ohne Beziehung auf irgendeinen äußeren Gegenstand. Sie wird auch mit dem namen Dauer belegt.« Diese absolut gesetzte, wahre Zeit grenzt Newton von der gewöhnlichen, relativen Zeit ab: »Die relative, scheinbare und gewöhnliche Zeit ist ein fühlbares und äußerliches, entweder genaues oder ungleiches Maß der Dauer, dessen man sich gewöhnlich statt der wahren Zeit bedient . . .«

Im Augenblick des Triumphes über das Unvermögen kontemplativer Erkenntnis eines Augustinus beschert die Naturwissenschaft den nachfolgenden Generationen ein neues, folgenreiches Dilemma: Objektiv vorgegebene, meßbare und subjektiv erfahrene Zeit auf einen Nenner zu bringen. Es fällt dem Menschen des Industriezeitalters offensichtlich trotz einer jetzt mehr als 200 Jahre währenden industriekulturellen Lernzeit schwer, mit den sozialen und kulturellen Widersprüchen aus diesem Dilemma umzugehen, ohne Schaden an Leib und Seele zu nehmen: Beschleunigungen und Zeitverdichtungen erzeugen bei Abnahme quantitativer Arbeitszeit zunehmend psychosomatische Beschwerden.

Widersprüche der modernen Zeit

Der mit der Industrialisierung veränderte Zeitbegriff ließe sich mit dem Prozeß der Zivilisation in Zusammenhang bringen und deuten als Prozeß des Fortschritts weg von Eigensinn und individueller Zufälligkeit in der Produktion des historisch gewachsenen Handwerks und des Verlagssystems. Die Rationalität der industriellen Produktion hat die Zeitlücken zu tilgen versucht, die im vielen Warten, Holen und Bringen des handwerklichen und einfachen manufakturellen Arbeitsprozesses nahezu zwangsläufig entstanden. Zeiteffizienz wurde zum Erfolgskriterium der Industrie und der Industriegesellschaft selbst. So wurde es auch lange Zeit mehrheitlich gesehen. Aber in dem Maße, wie zivilisationskritische Ansätze an Boden gewannen, wurde auch die fortschrittsoptimistische Deutung des veränderten Zeitbegriffs in Frage gestellt. Es sieht so aus, als habe der Prozeß des Fortschritts von der subjektiven, eigensinnigen Zeit zur standardisierten Industriezeit nicht alle Hoffnungen der technischen Zivilisation erfüllt, die man sich für die Zeit im Hinblick auf Gewinn und Gebrauch gemacht hatte. Vielmehr lassen sich drei Merkmale der modernen Zeit ausmachen, die zum Problem geworden sind: die qualitätslose Gleichförmigkeit der Zeit und die damit verbundene Entsinnlichung, die Zeitknappheit sowie die mangelnde Verfügbarkeit über die Zeit durch den einzelnen.

Tatsächlich kann der soziale und kulturelle Umgang mit der Zeit und das jeweilige Zeitverständnis einer Epoche als ein aussagekräftiger Indikator für die Entwicklung und den Grad von Fortschritt, Industrialisierung, Zivilisation und Modernität selbst genommen werden. Die qualitätslose Gleichförmigkeit der Zeit der industriellen Arbeitsgesellschaft war zunächst ein Merkmal der taylorisierten Industriearbeit, in der Arbeitsvollzüge nach Funktionen von Planung, bloßer Ausführung und Kontrolle getrennt auf verschiedene Funktionsträger eines Betriebes verteilt wurden, was bekanntlich zusammen mit der unbedingten hierarchischen Unterordnung und dem Zeitdruck zu starken Entfremdungserscheinungen mit Monotonie, Streß, sowie seelischem und körperlichem Verschleiß in der Arbeit führte und führt. Diese zeitliche Gleichförmigkeit dehnt sich zunehmend auf andere Lebensbereiche aus. Konsumorientiertes Freizeitverhalten mag darauf einen Hinweis geben, aber auch die Fortsetzung von Arbeitsgewohnheiten in der Freizeit und die dort stattfindende forcierte Kompensation schlechter Arbeitserfahrungen gehören dazu. Hier wird die Zerstörung der Zeit und die Mühsal bis zur Unmöglichkeit ihrer Wiederaneignung am meisten empfunden.

Zunehmend wird gerade für die Kernbereiche der abstrakten Zeitorientierung, die Industriearbeit und Dienstleistungsarbeit, auf das mit der Abstraktion der modernen Zeit korrespondierende Problem der Entsinnlichung hingewiesen. Arbeitsautonomie und Kreativität scheinen demnach besonders schwer mit abstrakter Zeit vereinbar zu sein. »Die aufgabenbezogene Zeitorientierung ist für den Menschen verständlicher als eine Arbeit nach der Uhr«, bemerkt der Sozialhistoriker Edward P. Thompson in seiner Studie über den Konstitutionsprozeß von Zeitdisziplin und Arbeitsmoral als Norm abstrakter Arbeit im Industriekapitalismus. »In Gesellschaften mit aufgabenbezogener Zeitorientierung scheint die Trennung von Arbeit und Leben am wenigsten ausgeprägt zu sein. Interpersonelle Kontakte und Arbeit vermischen sich – der Arbeitstag verlängert oder verkürzt sich je nach der zu bewältigenden Aufgabe –, und es gibt kaum das Gefühl eines Konflikts zwischen ›Arbeit‹ und ›Zeit-Verbringen‹.«[5] In der historischen Analyse

4 Kontrolluhr für die Arbeiter des Kabelwerks von Siemens & Halske (deutsches Fabrikat nach amerikanischem Patent), Mai 1900.

liegt ein Gestaltungshinweis für die Modernisierung von Arbeit.

Die Zeitknappheit in den hochindustrialisierten Ländern und die damit verbundene Hetze mit den kaum noch zu überblickenden kulturellen und gesundheitlichen Folgen ist eine paradoxe Erscheinung. War es doch ein Grundversprechen des Industrialismus, die unbedingte Anwendung von Erkenntnis und Fortschritt für mehr Güter, mehr Geld und mehr Zeit zu nutzen. Tatsächlich kann durch eine hochmechanisierte und rationalisierte Technik heute sehr viel schneller produziert werden als früher. Dennoch leiden gerade die Gesellschaften an chronischem Zeitmangel, die eine hohe Arbeitsproduktivität haben.

Diese Beobachtung läßt sich sowohl im historischen Vergleich, wie auch bei der Betrachtung heutiger Länder machen. Man könnte in dieser Hinsicht drei kulturelle Gruppen unterscheiden: Kulturen mit zeitlichem Überfluß. Zu ihnen zählen nicht die industrialisierten Länder. Meist überraschend machen Urlaubsreisende diese Erfahrung, wenn sie nach Griechenland oder Irland kommen. Sie finden hier Kulturen mit einem Zeit-Wohlstand vor. Die dominierende Erfahrung ist aber die mit der eigenen Kultur in Ländern mit einem Zeit-Hunger wie in den USA oder der Bundesrepublik, wo der Taschenkalender selbst bei Kindern zum wichtigsten Buch wird und man von einer »Tyrannei der Uhr« sprechen kann.[6]

Zeitmangel ist keine Folge einer verschlechterten Zeitökonomie, sondern eine Folge zunehmender funktionaler Determinierung besonders des Arbeitsbereichs. Die zeitökonomischen Rahmendaten dagegen weisen sogar eine stetige Zunahme der arbeitsfreien Zeit aus. Kamen Mitte der fünfziger Jahre bei einem erwerbstätigen Arbeiter im Jahresdurchschnitt auf 1 geleistete Arbeitsstunde 2,9 Nichtarbeitsstunden, so lag das Verhältnis 1980 bei 1 : 4,1 und 10 Jahre später bereits bei einem Verhältnis von etwa 1 : 6. In etwas mehr als einer Generation hat die Lebenszeit außerhalb der Arbeit beachtlich zugenommen – dennoch scheinen sich die Hoffnungen und Versprechungen nicht automatisch zu erfüllen.

Die Hoffnungen und das Versprechen scheinen sich nicht automatisch zu erfüllen, daß die Menschen durch den Fortschritt der Produktivkräfte für Kultur, Philosophie und Kunst Zeit gewinnen. Der Bruch mit den Lebensrhythmen der alten Welt, die heutige radikale Absage an den Müßiggang und die Berechtigung von Muße greifen tief. »Es scheint, als habe die moderne Gesellschaft die Kunst des Müßiggangs verlernt, die volle Erlebniseinheit von Zeit aufgehoben und als bedürfe es des permanenten Anstoßes durch Zeiterwartungen, Verpflichtungen und Termine, um nicht die Orientierung zu verlieren.«[7]

Hochindustrialisierte technische Zivilisationen neigen geradezu zu einem äußerst restriktiven, sprichwörtlich sogar mörderischen Umgang mit der Zeit. Der alltagssprachliche Umgang mit der Zeit klärt darüber auf. Hier wird verknappt, beschleunigt, intensiviert, partialisiert, enteignet, umstrukturiert und noch manches andere mit der Zeit angestellt. Jedenfalls muß einen nicht nur die Behauptung nachdenklich stimmen, daß Zeit Geld sei – ein logisches Unding, das Benjamin Franklin zugeschrieben und seither in allen Sprachen der Länder mit Kapital und Industrie als moralischer Imperativ verwendet wird –, sondern auch, daß man im Alltagsgebrauch die Zeit auch ›totschlagen kann‹, ohne besondere Strafe fürchten zu müssen.

Eingeschränkte Zeitsouveränität und Verfügungsgewalt über den eigenen Zeithaushalt sind eine Folge gesellschaftlicher Ausdifferenzierung. Moderne, extrem arbeitsteilige Gesellschaften können nur funktionieren, wenn die Einzeltätigkeiten sachlich und zeitlich aufeinander abgestimmt sind. Durch diese funktionale Notwendigkeit wird aber gleichzeitig das Netz der sozialen Kontrolle immer dichter, und Sachnotwendigkeiten bestimmen immer stärker den zeitlichen Rhythmus der Arbeit. Extrem flexibilisierte Arbeitszeit, ›Arbeit auf Abruf‹, greift tief in die private Sphäre der Verfügung über Zeit. Die Bereitschaft, sich dieser Notwendigkeit unter Aufgabe des eigenen Anspruchs auf Muße unterzuordnen, wird immer häufiger verlangt.

Die moderne Industriezeit

Moderne Industriearbeit weist zwei zeitliche Merkmale auf: Sie findet in einem bestimmten zeitlichen Rahmen statt und sie ist eng determiniert. Sie beginnt und endet nicht zu einer Stunde, sondern präzise auf die Minute. Dieser Rahmen ist wenig flexibel und nur zum Teil nach menschlichen Bedürfnissen ausgerichtet. Im Gegensatz zu aufgabenorientiertem Zeithandeln in einem sinnlich nachvollziehbaren Zeitrahmen folgt industrielles Produktionshandeln einer sachlichen Logik. Sie ist nicht individuell bestimmt, sondern von einer sachlichen, abstrakten Beliebigkeit – abhängig von der Laufzeit von Maschinen und Anlagen und deren Kosten und Rentabilitäten oder andern Notwendigkeiten. Diese Notwendigkeiten haben mit den natürlichen Bedingungen von Sonnenlicht, Tageswechsel und Temperatur nichts zu tun. Von na-

5 Stechuhr, sog. ›Horograph‹, um 1940 (Deutsches Museum, München).

6 Stempeluhr des ADAC, Gau Südbayern, 1956 (Deutsches Museum, München).

7 Zugangskontrolle und Zeiterfassung durch Magnetkarte bei der Allianz in Hamburg, Juni 1991.

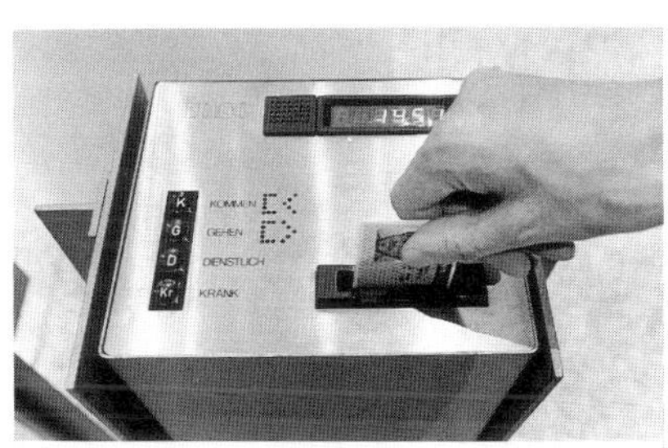

8/9 Arbeitsdisziplin am Werktor: Schichtwechsel am Eingang 21 der Continental Gummiwerke in Hannover, um 1979. Erst zwei Minuten vor dem offiziellen Ende der Arbeitszeit darf das Werk verlassen werden.

türlichen Bedingungen unabhängig zu sein, ist geradezu der Stolz der Industrie. Aber: Notwendigkeiten sind hier immer die Ergebnisse von menschlichen Entscheidungen darüber, wie produziert und gearbeitet werden soll.

Der Übergang von einem fühlbaren, rhythmischen Zeitverständnis zu einem abstrakten und linearen hat bereits im 14. Jahrhundert begonnen, aber erst mit dem Maschinen- und Industriezeitalter wurde die abstrakte Zeit zur herrschenden kulturellen Norm. Seitdem ist für immer mehr Menschen, Länder und Kulturen die gleichförmige, zerlegbare Zeit zur wirklichen Zeit geworden, und für viele ist es schon gar nicht mehr vorstellbar, daß es neben dieser Industriezeit auch andere Zeiten gab und gibt, daß Zeit sozial und kulturell bestimmbar ist.

Auch erst spät vollzogene Industrialisierungen zeigen diese Erscheinung, wie ein Blick auf die Modernisierungsbemühungen unmittelbar nach der russischen Revolution zeigt. »Early to bed and early to rise keeps a man healthy, wealthy and wise!«: Dem moralisierenden englischen Sprichwort wird in Rußland zur Durchsetzung industrieller Zeitdisziplin im ›Kampf um die Zeit‹ die Organisation einer ›Zeitliga‹ an die Seite gestellt. Die Mitglieder sind verpflichtet, sich Uhren anzuschaffen und Tätigkeiten zeitökonomisch bewußt zu verrichten. Pünktlichkeit und Kontrolle von Pünktlichkeit werden zur Pflicht erklärt. Letztlich sollen die Maßnahmen einen Verinnerlichungsprozeß im Sinne einer »objektiven Hygiene der Gehirntätigkeit«[8] einleiten.

Der Prozeß der Umstrukturierung des Zeitverständnisses wurde von vielen auch als Verwandlung von Lebenszeit in reine Arbeitszeit verstanden. Er fand gegen den heftigen Widerstand der Arbeiter statt, und es dauerte mehrere Generationen, bis diese ungeheure Verhaltenszumutung, wie sie die Fabrikarbeit und abhängige, heteronom zeitregulierte Arbeit bis heute darstellt, zu einer industriekulturellen Arbeitsethik wurde. »Der ersten Generation Fabrikarbeiter wurde die Bedeutung der Zeit von ihren Vorgesetzen eingebleut, die zweite Generation kämpfte in den Komitees der Zehn-Stunden-Bewegung für eine kürzere Arbeitszeit, die dritte schließlich für einen Überstundenzuschlag. Sie hatten die Kategorien ihrer Arbeitgeber akzeptiert und gelernt, innerhalb dieser Kategorien zurückzuschlagen. Sie hatten ihre Lektion – Zeit ist Geld – nur zu gut begriffen.«[9]

Rigorose Zeitdisziplin und starre Arbeitszeitstrukturen sind in vielen Bereichen von Produktion und Dienstleistung durch veränderte Arbeitsaufgaben in die Jahre gekommen. Autonomie in der Arbeit und Selbstbestimmung sind gesellschaftsfähig und auch funktional geworden. Wenn die Zeichen des gesellschaftlichen Wertewandels, die auf eine Änderung des bürgerlichen Berufs- und Leistungsethos zugunsten einer »privatistisch-hedonistischen Haltung« weisen, nicht trügen, dann ist das von Paul Lafarque 1880 ausgerufene »Recht auf Faulheit« dabei, sich einen – vielleicht heilsamen und nützlichen – Platz in der gesellschaftlichen Werteskala zu erobern. Noch ist indes das Regelverhältnis von enteigneter und eigener Zeit nicht so weit umgedreht, daß Formen individueller Zeitaneignung frei erlernbar wären. Arbeitszeitverkürzungen und Flexibilisierung allein korrigieren nicht das Zeitverständnis und die festsitzenden Verhaltensweisen.

Vielleicht ist es schon ziemlich spät, aber es gilt, die Möglichkeiten der neuen Entwicklungen in Produktion und Arbeit produktiv für eine humane Gestaltung von Gesellschaft auch in der Frage der Zeit zu nutzen. Denn bei aller berechtigten Kritik an der zerstörerischen Kraft des Industrialismus, an der industriell technischen Beherrschung innerer und äußerer Natur gerät leicht aus dem Blick, daß der Industrialismus überhaupt erst die Voraussetzungen geschaffen hat, von denen aus die Kritik an Arbeit, Technik und Industrie formuliert werden kann. Der Wunsch nach Körperlichkeit, nach neuer Subjektivität, unversehrter Natur und neuem Zeitverständnis verdankt sich Freisetzungen vom unmittelbaren Überlebenskampf und der Lockerung traditioneller Zwänge in den kulturellen Lebens- und Arbeitsweisen. Insofern schafft der industrielle Prozeß die Voraussetzung fortschreitender Enteignung und Aneignung von Gesellschaft zugleich.

In der Frage der Zeit muß die Modernisierung in den Bahnen der Industriegesellschaft ersetzt werden durch eine Modernisierung der Prämissen der Gesellschaft. Die Aneignungsfähigkeit der Zeit muß wieder hergestellt werden: eine Modernisierung von Regeln, Werten und Normen, die in keinem der bis heute gebräuchlichen theoretischen Regie- und politischen Rezeptbücher vorgesehen war. Um in Würde zu überleben, müssen wir diese Regeln heute selber schreiben und eine neue, unseren Erfahrungen und Bedürfnissen angemessene Vorstellung von der Zeit, die möglicherweise nicht dem Paradigma der Industriezeit folgt, entwickeln. Die Verringerung fremdbestimmter Zeit ist ein erster Schritt, eine qualitative Gestaltung der Arbeit hin zur Aufgabenorientiertheit und Autonomie ist der weitere, wesentlichere Schritt. Feststeht: Ohne Modernisierung der kulturellen Grundlagen von Gesellschaft wird Fortschritt nicht mehr möglich sein.

Anmerkungen

1 Vgl. Edward P. Thompson, ›Zeit, Arbeitsdisziplin und Industriekapitalismus‹ in: R. Braun u.a. (Hrsg.), *Gesellschaft in der industriellen Revolution,* Köln 1973, S. 81–112 (S. 84).

2 Vgl. Werner Siebel, ›Fabrikarbeit und Rationalisierung. Die Konstituierung des neuen Menschen in der Fabrik‹ in: J. Boberg u.a. (Hrsg.), *Exerzierfeld der Moderne. Industriekultur in Berlin im 19. Jahrhundert,* München 1984.

3 Das Original des Edicts von 1783 verwahrt die Staatsbibliothek Berlin.

4 Postkarte, abgedruckt bei Walter Buschmann, ›Gußstahlfabrik Fried. Krupp GmbH‹ in: ders. (Hrsg.), *Eisen und Stahl*, Essen 1989, S. 120.

5 Vgl. Thompson, a.a.O. (Anm. 1).

6 Vgl. Siegfried B. Linder, *Warum wir keine Zeit mehr haben*, Frankfurt/Main 1973.

7 Günter Schöps, *Zeit und Gesellschaft*, Stuttgart 1980, S. 126.

8 Vgl. Werner Siebel, ›Maschinenmensch und Zeitliga‹ in *Zeit, Ästhetik und Kommunikation,* Heft 45/46, Berlin 1981.

9 E.P. Thompson, a.a.O. (Anm. 1), S. 97.

10 Stempeluhr und Stechkartenregister, 1952.

Die Zeiss-Werktore in Jena

Katharina Semmler

1 Arbeitsbeginn am Tor 6 der Zeiss-Werke, 1990.

VEB Carl Zeiss JENA
10
VEB
CARL ZEISS
JENA

Von dem einstigen DDR-Kombinat mit dem traditionsreichen Namen Zeiss, das 25 Betriebe in den verschiedensten Regionen des Landes und eine Belegschaft von annähernd 70.000 Beschäftigten umfaßte, ist heute kaum noch etwas übriggeblieben. Die Zeiss-Werktore in Jena – Zeugen des Wandels über viele Jahrzehnte – dokumentieren manches Aufschlußreiche aus der wechselvollen Entwicklung dieser Industrie. Wie unbedeutend das folgende, im Angesicht bewegender Weltereignisse der Gegenwart auch erscheinen mag, so gehört doch auch der historische Mosaikstein, auch das Detail aus dem Alltag der Menschen zu dem, was man als Geschichte bezeichnet.

2 Carl Zeiss (1816–1888)

Die Anfänge der optischen Industrie in Jena liegen 145 Jahre zurück. Sie führen in die kleine Werkstätte des Mechanikermeisters Carl Zeiss (Abb. 2), der das Ziel verfolgte, den handwerklichen Mikroskopbau auf wissenschaftliche Grundlagen zu stellen. Als er 1866 den Physiker Ernst Abbe für dieses Vorhaben gewinnen konnte (Abb. 3), rückte sein Ziel in greifbare Nähe. Etwa ab 1875 setzte sich in der Zeiss-Werkstätte dank der grundlegenden Abbeschen Erfindungen und neuen Arbeitsmethoden der wissenschaftliche Mikroskopbau durch, und es begann der Aufschwung, der einige Jahre später auch äußerlich in ersten Industriebauten zum Ausdruck kam. Die endgültige Entwicklung zur Großindustrie vollzog sich dann etwa ab 1886, als in dem zwei Jahre zuvor von Zeiss, Abbe und Otto Schott (Abb. 4) gegründeten Jenaer Glaswerk die Produktion neuer optischer Gläser für die Zeiss-Mikroskope anlief. Zehn Jahre später, als Produktionsstätten, Verwaltung und Personal in den bis dahin genutzten Gebäuden nicht mehr unterzubringen waren, wurde erneut gebaut. Doch erst in der Zeit zwischen Abbes Tod (1905) und 1911 hat die Fabrik dann den Charakter einer ›Industrie-Festung‹ angenommen. So jedenfalls mutet der baulich sehr geschlossen wirkende Werkskomplex aus dem Jahre 1911 an, der auch etwas von der ›Autorität‹ dieses Betriebes im Stadtbild von Jena erkennen läßt (Abb. 7).

3 Ernst Abbe (1840–1905)

Diese Autorität gründete sich zum einen auf die von Jahr zu Jahr wachsende wirtschaftliche Macht und die damit unumschränkte Monopol-

4 Otto Schott (1851–1935)

stellung der Firma Zeiss als Arbeitgeber für die Jenaer Bevölkerung, zum anderen auf die 1889 von Abbe gegründete Carl-Zeiss-Stiftung mit ihren für die damalige Zeit ungewöhnlichen Grundsätzen und Zielen, insbesondere im Hinblick auf die sozial-ökonomischen Belange der Belegschaft. Die Carl-Zeiss-Stiftung hat wesentlich zu der hohen Identifikation der Mitarbeiter mit dem Unternehmen beigetragen, die bis in die Gegenwart wirkt. Sie wurde durch alle politischen Systeme, vom Kaiserreich bis zum ›real existierenden DDR-Sozialismus‹, erfolgreich genutzt und diente stets dem Renommee der Firma ebenso wie dem des Staatswesens, in dem sie angesiedelt war.

Die Unternehmensphilosophie wird am Toreingang zum repräsentativen 15-stöckigen Verwaltungshochaus, das 1936 errichtet wurde, deutlich gemacht: ›Durch Nacht zum Licht‹ steht in Stein gemeißelt unter der Figur des Fackelträgers am Eingangsportal. Hier werden Gäste empfangen und Selbstverständnis verkündet, nicht zuletzt durch das unmittelbar davor auf einem Platz befindliche Abbe-Denkmal und andere Zeugnisse kontinuierlich gewachsenen Traditionsbewußtseins. Die Masse der Belegschaft betritt das Werk durch den großen ungeschmückten Eingang am ›Tor 6‹, das sich an der gegenüberliegenden Seite des Hauptwerkkomplexes befindet.

5 Jugendliche Arbeiter im Hof des alten Zeiss-Werks. Die um 1880 installierte Glocke (rechts im Bild) wurde zu Arbeitsbeginn, Feierabend und bei Pausen geläutet, vor 1890.

Zeiterfassung und Zutritt

Eine besondere Rolle spielte bei Zeiss von jeher die Zeiterfassung. An den Werktoren werden Beginn und Ende der Arbeitszeit durch Uhren angezeigt. Aber auch der Arbeitsprozeß selbst, vor allem die hohen Anforderungen an die Meßgenauigkeit im wissenschaftlichen Gerätebau, erfordern ein exaktes Zeitregime.

Bereits um 1880 wurde am Eingang zu den Werkstätten eine Signalglocke errichtet, die Arbeitsbeginn, Frühstückspausen und Arbeitsschluß verkündete (Abb. 5). Daneben rief seit 1886 noch ein Dampfpfeifensignal zur Arbeit. Für die genaue Zeiterfassung im ganzen Werk sorgte ab 1912 eine Uhrenanlage von Siemens und Halske, die elektromagnetisch mit einem Laufwerk gekoppelt war, an das bis zu fünfzig elektrische Nebenuhren an den verschiedensten Standorten des Werkes angeschlossen wurden. Dieses Uhrwerk ging mit einer Genauigkeit von maximal 0,6 Sekunden Abweichung in 24 Stunden. Die Anlage wurde erst in den siebziger Jahren gegen eine neue ausgewechselt, die nach dem gleichen Prinzip wie die ›Mutteruhr‹ arbeitete. Stechuhren haben sich bei Zeiss nicht durchgesetzt: Pünktlichkeit und Disziplin gehörten zur Berufsehre.

Vor dem großen ›Tor 6‹, das dem Stadtzentrum zugewandt ist, wurde 1984 eine mikroelektronisch gesteuerte Digitaluhr errichtet, die mit der ›Mutteruhr‹ nur bei Störungen gekoppelt wird (Abb. 1). Da die Mikroelektronik zu dieser Zeit noch ziemlich störanfällig und vor allem temperaturempfindlich war, gab es relativ viele Störungen, und noch heute – obwohl sie inzwischen genau geht – wird die große Digitaluhr von den meisten Jenensern weder als ästhetische Bereicherung noch als Ausdruck von Zeiss-Präzision empfunden, sondern wohl eher als das, was früher die Kirchturmuhren waren, die sich zumindest in Jena nicht gerade durch Zuverlässigkeit auszeichneten.

Das Betreten und Verlassen der Fabrik wurde bei Zeiss schon sehr früh genau geregelt – sowohl für die Belegschaft als auch für betriebsfremde Personen. So heißt es in einer Bekanntmachung aus dem Jahre 1922: »Das Betreten der Fabrik ist nur eine Viertel Stunde vor Arbeitsbeginn gestattet. Das Verlassen hat innerhalb einer Viertel Stunde nach Beendigung der Arbeit zu erfolgen. Das Betreten anderer Werkstätten ohne dienstliche Aufträge ist nicht gestattet. Wer während der Arbeitszeit dienstlich oder privat die Fabrik verlassen will, muß am Tor beim Austritt eine von seinem Abteilungsleiter oder dessen Vertreter unterzeichnete grüne Ausweiskarte abgeben.«[1]

6 ›Durch Nacht zum Licht‹: Eingangsportal zum Zeiss-Verwaltungshochhaus mit bauplastischem Schmuck von Joseph Wackerle, erbaut 1936.

Betriebsfremde Personen, die das Zeiss-Werk besichtigen wollten, hatten es schon nach dem Ersten Weltkrieg schwer, die Zutrittserlaubnis der Geschäftsleitung zu erlangen, »weil das Durchführen fremder Personen durch den Betrieb immer eine gewisse Störung und auch eine Belästigung für die in den betreffenden Werkstätten Arbeitenden bedeutet«.[2] In Wahrheit wird es aber wohl eher so gewesen sein, daß fremdes Interesse an den entstehenden Produkten des Zeiss-Werkes unerwünscht war und keinerlei Geheimnisse – vor allem auf dem Gebiet der Militärproduktion – an die Außenwelt dringen sollten. Betriebssicherheit und Geheimnisschutz wurden in den siebziger und achtziger Jahren erheblich verstärkt, zumal das damalige ›Kombinat VEB Carl Zeiss JENA‹ im Rahmen der zentralen staatlichen Planung immer mehr zu einem ›Zentrum der Hochtechnologien‹ ausgebaut wurde. Hinzu kam der große Bereich der Militärtechnik, der von Besuchern ohnehin nicht betreten werden durfte. Schließlich waren willkürliche oder gar unangemeldete Besuche auch deshalb nicht erwünscht, weil es manche moderne Ausrüstungen und Maschinen in den Labors und Produktionshallen gab, die auf der ›Embargoliste‹ standen.

All diese Geheimhaltungsbedürfnisse waren von einer aufwendigen Bürokratie begleitet. Das gesamte Wachpersonal an den Werktoren war dem Bereich der Betriebs-Sicherheit unterstellt und hatte für die Einhaltung der einschlägigen Verfügungen und Weisungen, für das Betreten und Verlassen des Werkes durch die eigene Belegschaft sowie durch Betriebsfremde zu sorgen. Ausländische Besucher erhielten grundsätzlich nur mit Zustimmung des Kombinatschefs Zutritt, der seinerseits häufig noch – wenn es sich z.B. um Gäste aus dem westlichen Ausland handelte –, die schriftliche Genehmigung des zuständigen Ministers aus Berlin einzuholen hatte. Trotz des strengen Reglements und der damit einhergehenden ausgeprägten Bürokratie

7 Das Zeiss-Werk um 1910–11, nach einem Farblichtdruck von A. Eisenach. Im Vordergrund das Abbe-Denkmal von Henry van de Velde.

bestand zu allen Zeiten ein hohes Interesse an Besichtigungen im Zeiss-Werk. Auch Schulklassen, Studentengruppen und andere Personen, die eigentlich nicht zu den potentiellen Kunden gerechnet werden konnten – nicht zuletzt die Vertreter in- und ausländischer Medien –, äußerten zahlreiche Fragen und Wünsche, um ihre Kenntnisse über dieses Werk und seine Produkte zu erweitern. So gehört etwa der Teleskop- und Planetariumsbau mit seinen riesigen Großgeräten von jeher zu den Attraktionen des Zeiss-Werkes, die wesentlich zum Weltruf dieses Unternehmens beigetragen haben.

Um die Sicherheitsbestimmungen einzuhalten und trotzdem die für das internationale und nationale Image erforderliche Öffentlichkeitsarbeit zu gewährleisten, wurden auch und gerade in der Zeit des DDR-Sozialismus zahlreiche, der Öffentlichkeit zugängliche Zeiss-Einrichtungen geschaffen, in denen Geschichte und Gegenwart des Werkes anschaulich demonstriert werden konnten. Hierzu gehören neben dem 1926 in Jena erbauten und 1987 erneuerten Planetarium ein Ende der siebziger Jahre rekonstruiertes Optisches Museum, eine 1988 nach historischem Vorbild nachgebildete Zeiss-Werkstätte, eine moderne Planetariums-Justierkuppel, ein großer Verhandlungsraum mit einer kontinuierlich wechselnden Produktausstellung u.a.m. Die Besucherzahlen dieser Einrichtungen sprechen auch heute noch für das ungeminderte Interesse der Öffentlichkeit am Zeiss-Werk.

8 Anbringen einer Festdekoration am Tor 6 von Zeiss anläßlich der Feier zum 1. Mai 1950.

Die Arbeit im realen Sozialismus

Der Arbeitsalltag im realen Sozialismus dürfte sich bei Zeiss in bezug auf Arbeitsethos und -atmosphäre insofern von anderen DDR-Betrieben unterschieden haben, als hier das Traditionsbewußtsein einer Weltfirma mit großen wissenschaftlichen und sozialen Leistungen sehr stark in der Belegschaft verwurzelt war. Die hohe Identifikation der Mitarbeiter mit dem Werk begünstigte sicherlich den Entschluß des sozialistischen Staates DDR, Zeiss zu einem Vorzeige- und Musterbetrieb bzw. -Kombinat auszubauen. Bei Zeiss wurden auch im Sozialismus Berufsstolz und Qualitätsarbeit in Ehren gehalten. Man war stolz darauf, ›Zeissianer‹ zu sein, was teils auch in Überheblichkeit umschlagen konnte: Es ist wohl kein Zufall, daß für die Jenaer Gerätebauer schon seit vielen Jahrzehnten der Spitzname ›Stehkragen-Proletarier‹ im Umlauf ist. Der gehobene soziale Status der Zeiss-Belegschaft, der nicht zuletzt durch die auch in DDR-Zeiten erhalten gebliebenen, im Stiftungsstatut verankerten Pensionsrechte begründet war, führte in anderen Betrieben nicht selten zu der Auffassung, ›die bei Zeiss‹ seien etwas anderes als normale Arbeiter. Dieser Meinung leistete die relativ große Investitionsbereitschaft des Staates für das renommierte DDR-Kombinat noch Vorschub.

Durch chronische Versorgungsmängel in der Materialbereitstellung für die Produktion sowie im individuellen Bereich der Dienstleistungen, Nahrungsmittel und Konsumgüter, nicht zuletzt aber auch durch die zunehmende innere Distanzierung vom politischen System des DDR-Sozialismus wandelten sich Alltagsbewußtsein und Arbeitseinstellung: Trotz verstärkter Kontrollen und moralischer Appelle zeigte die konkrete Situation am Werktor im realen Sozialismus schließlich ein ständiges Kommen und Gehen. Verstöße gegen die Arbeitsdisziplin kennzeichneten die zunehmende Entfremdung der Belegschaft, gegen die kein administratives Mittel mehr wirkte. Auch bei Carl Zeiss JENA, einer der Hochburgen realsozialistischer Industrie, war die Wende gekommen. Niemand aus dieser Belegschaft hätte es 1989, als der Staat DDR zusammenbrach, auch nur im entferntesten für möglich gehalten, daß dies auch das Ende von Carl Zeiss JENA bedeuten könnte.

Kundgebungen und Demonstrationen vor dem Werktor fanden vor 1989 hauptsächlich zum 1. Mai statt (vgl. hierzu auch Anm. 3). Die Gebäudefassaden wurden mit Festschmuck und Spruchbändern versehen (vgl. Abb. 8, 10 f.). Die Betriebshandwerker hatten alle Hände voll zu tun, damit alles termingerecht fertig wurde. Alle Beschäftigten hatten pflichtgemäß an der Maidemonstration teilzunehmen (vgl. Abb. 9). Viele brachten auch ihre Kinder mit, in der Stadt wurden Rostbratwürste gegrillt; es gab Kinderbelustigungen, und oft waren auch bestimmte Mangelwaren zu haben, nach denen man sonst lange vergeblich gesucht hatte. Die Maiumzüge waren zwar staatlich verordnet, und die Teilnahme war Pflicht, sie hatten aber auch einen gewissen Volkscharakter. Die ganze Stadt war auf den Beinen. Aus den Lautsprechern wurden die Planerfüllungsergebnisse verkündet, und auf Spruchbändern wurden politische Losungen, Planverpflichtungen und ›besondere Leistungen‹ deklariert. Kampfdemonstrationen allerdings waren die Maiumzüge trotz des äußeren Gepränges nicht. Sie wurden mit Musik und allem Drum und Dran absolviert und lösten sich von Jahr zu Jahr schneller auf, sobald der Zug an der Festtribüne vorbeidefiliert war.

Die Zeit danach

Seit der Wende von 1989 finden vor den Zeiss-Werktoren Kundgebungen statt. Die Konkurrenz von Carl Zeiss Oberkochen, drohende Arbeitslosigkeit und undurchschaubare Geschäftspraktiken zahlreicher, noch im Amt befindlicher Alt-Direktoren führen zu scharfen Protesten und Forderungen der ›Zeissianer‹ (Abb. 13 f.). Es geht um den Erhalt des Werkes und der Carl-Zeiss-Stiftung, um die Lebensfähigkeit einer ganzen Industrieregion.

Im August 1991 – inzwischen ist der ehemalige baden-württembergische Ministerpräsident Dr. Lothar Späth Vorstandschef der nun in ›Jenoptik Carl Zeiss JENA GmbH‹ umbenannten Firma geworden – erhalten zwei Drittel der Belegschaft ihre blauen Briefe. Der Rest hofft weiter. Etwa 10.000 sollen nach offiziellen Aussagen der Unternehmensleitung ihren Arbeitsplatz behalten. Doch auch dazu werden Investoren und neue Aufträge gebraucht. Schon kursieren wieder hartnäckige Gerüchte, daß auch diese Zahl der Arbeitsplätze noch einmal halbiert wird. Das wäre dann weniger als ein Fünftel der einst in Jena beschäftigten ›Zeissianer‹. Eine weitere störende Konkurrenz aus der ehemaligen DDR ist ausgeschaltet.

Noch steht der Name Carl Zeiss JENA über den Werktoren. Noch gehen Menschen hindurch, wenige zwar, aber die Tore sind noch geöffnet. Niemand mag daran glauben, daß sie sich einmal endgültig schließen könnten.

9 Zeichnung aus der Zeitschrift *Der Scheinwerfer* (hrsg. von der Betriebsparteiorganisation der SED) anläßlich des 1. Mai 1951.

10/11 Tor 6 mit Propagandatafeln während des ›Monats der Deutsch-Sowjetischen Freundschaft‹, Dezember 1951.

12 Demonstration am 1. Mai 1955

13 Demonstration vor dem Tor 6, November 1990.

Anmerkungen

1 *Bekanntmachung über Betreten und Verlassen der Fabrik*, Zeiss-Werkzeitung, Heft 4–6/1922, S. 47 f.
2 *Führungen durch das Zeiss-Werk*, Zeiss-Werkzeitung, Heft 10/1920, S. 123.
3 In einem Brief an den Herausgeber (26.7.1991) schildert Jürgen Kuczynski zwei prägnante Situationen an einem Werktor: »DAS POLITISCHE WERKTOR: Vor 1933 spielte das Werktor für jeden Agitator der KPD eine große Rolle, ebenso wie der Pförtner, der es bewachte. War dieser uns wohlgesinnt, konnten wir Flugblätter in den Betrieb schmuggeln. Andernfalls mußten wir sie vor dem Betrieb verteilen. Mehr als ein halbes Jahrhundert später erzählte mir ein Betriebsdirektor die folgende Geschichte, die so kennzeichnend für die Betriebsverhältnisse in der späten Deutschen Demokratischen Republik ist. Er war neu in seiner Stellung. Die Arbeitsdisziplin im Betrieb war schlecht wie vielerorts. Viele verließen den Betrieb vor Arbeitsschluß – nicht selten, um noch einzukaufen, wobei man oft Schlange stehen mußte. Also ließ er um 16.15 Uhr das Werktor schließen und stellte sich dort auf. Um 17.00 Uhr war Arbeitsschluß. Um 16.20 Uhr kamen die ersten, die er zurück an die Arbeit schickte. Um 16.40 war der Hof vor dem Werktor so gefüllt, und die Arbeiter und Angestellten drängten so voller Empörung mit dem Ruf »Wir wollen unser Abendbrot einkaufen« an das Werktor, daß er es öffnen lassen mußte.

14 Zeissianer empfangen den thüringischen Ministerpräsidenten vor dessen Auftritt im Jenaer Volkshaus, 20. Februar 1991. Sie fordern von Josef Duchac, sich im Einigungsstreit zwischen Carl Zeiss Jena und Carl Zeiss Oberkochen für einen mehrheitlichen Verbleib der Zeiss-Werke in Jena einzusetzen.

Krupp-Rheinhausen: Drei mythische Ringe

Ulrich Wengenroth

1 Das Tor 1 der Krupp-Hüttenwerke in Duisburg-Rheinhausen als Treffpunkt bei Ausständen und Kundgebungen im Winter 1987–88.

DU
3088

Die Friedrich Krupp GmbH ist eines der traditionsreichsten Unternehmen der deutschen Schwerindustrie. Es wurde im November 1811 von Friedrich Krupp (1787–1826) gemeinsam mit zwei Partnern zur Herstellung von Gußstahl gegründet. Dem jungen Unternehmen blieb der wirtschaftliche Erfolg versagt, es war nur durch Zuschüsse aus dem Familienvermögen am Leben zu erhalten und schien dreizehn Jahre später, beim Tode Friedrich Krupps, gescheitert. Da der Nachfolger, der dreizehnjährige Alfred Krupp (1812–1887; Abb. 3), noch nicht in der Lage war, das väterliche Geschäft zu übernehmen, führte die Witwe Friedrich Krupps, Teresia (1790–1850), das Unternehmen zunächst mit sieben Arbeitern weiter.

Unter Alfred Krupps Leitung entwickelte sich die Essener Firma zum größten schwerindustriellen Konzern Deutschlands. Eine seiner wichtigsten Innovationen war die Herstellung nahtloser Eisenbahnräder, mit denen erstmals Geschwindigkeiten über 40 km/h gefahrlos und fahrplanmäßig gefahren werden konnten. Der Stolz auf diese bahnbrechende Leistung wurde seit 1875 mit dem Symbol der drei verschlungenen Ringe zum Firmenzeichen. Als Alfred Krupps Sohn Friedrich Alfred (1854–1902; Abb. 2) 1887 das Erbe des Unternehmens antrat, hatte es bereits über zwanzigtausend Beschäftigte, davon allein dreizehntausend im Essener Stammhaus, der Gußstahlfabrik. Unter Friedrich Alfred setzte sich der Expansionskurs ungebremst fort, so daß sich die Belegschaft bei seinem Tod fünfzehn Jahre später auf 42.600 Beschäftigte verdoppelt hatte. Der Umsatz übertraf in seinem letzten Lebensjahr die damals gewaltige Höhe von 100 Millionen Mark, wovon gut vierzig Prozent mit Rüstungsgütern erwirtschaftet worden waren.

Das Hüttenwerk Rheinhausen

Friedrich Alfreds größte Investition war der Bau eines neuen Hochofen- und Stahlwerks am linken Rheinufer gegenüber von Duisburg (Abb. 4), ein Standort, der für den Transport von Rohstoffen und Fertigfabrikaten auf dem Wasserweg sehr viel günstiger gelegen war als die Essener Werke. Mit dem Hüttenwerk Rheinhausen, das nach Friedrich Alfreds Tod dessen Namen trug, stärkte der Krupp-Konzern seine Massenstahlbasis und erweiterte vor allem seine Kapazitäten für zivile Stahlprodukte – ›Friedensmaterial‹, wie es damals hieß. Das Hüttenwerk Rheinhausen hatte nach Abschluß der Bauarbeiten am Vorabend des Ersten Weltkrieges neun Hochöfen mit einer Jahreskapazität von 1,2 Millionen Tonnen Roheisen, sechs Stahlkonverter, die jährlich 800.000 Tonnen Rohstahl liefern

2 Friedrich Alfred Krupp
(1854–1902)

3 Alfred Krupp
(1812–1887)

4 Das Krupp-Hüttenwerk von Duisburg-Rheinhausen im Jahr 1898, Darstellung von 1912.

konnten und Walzwerke mit einer Produktionskapazität von jährlich 750.000 Tonnen. Es war eines der größten und modernsten Stahlwerke der Welt.

Zum Transport der rund 8000 Arbeiter, die das Werk beschäftigte, wurden ein eigener Bahnhof und eigene Wohnhäuser gebaut: zwei Arbeiterkolonien, eine Beamtenkolonie und drei Schlafhäuser für Alleinstehende. Hinzu kamen alle jene ›Wohlfahrtseinrichtungen‹, für die schon die Essener Gußstahlfabrik berühmt war: Betriebskrankenkasse, Pensionskasse und Invaliditätsversicherung, Bier-, Mineralwasser- und Milchverkaufsstellen im Werk, Bibliothek, Speisehaus für Alleinstehende und Pendler, Kolonial- und Manufakturwaren-Verkaufsstelle. Die Waren in den Kruppschen Läden waren meist konkurrenzlos billig. Getränke wurden im Werk zum Selbstkostenpreis abgegeben.

Krupp sorgte für seine Arbeiter und verlangte dafür Betriebstreue, d.h. keine gewerkschaftlichen Umtriebe, sondern Pflichtbewußtsein und Fleiß. Wer lange bei Krupp blieb, also ein echter ›Kruppianer‹ wurde, konnte mit weiteren Vergünstigungen rechnen. Die Identifikation mit dem Unternehmen sollte sich für die Arbeiter lohnen. Seine technischen Höchstleistungen waren eine Quelle von Selbstbewußtsein und Betriebsstolz, seine wirtschaftliche Stärke der Garant für die eigene soziale Sicherheit. Mehr als alle anderen Stahlkonzerne im Revier verstand es das Familienunternehmen Krupp, seine paternalistische Betriebspolitik positiv im Bewußtsein der Belegschaft zu verankern. Krupp verließ sich auf seine Arbeiter – die Arbeiter verließen sich auf Krupp. Selbst im harten ›Ruhreisenstreit‹ des Jahres 1928 hat Krupp seinen Arbeitern die Kartoffel-, Kohlen- und sonstigen Vorschüsse im Gegensatz zu anderen Werken des Reviers nicht von der letzten Lohnzahlung vor dem Arbeitskampf abgezogen; und unter Gewerkschaftern ging das Gerücht um, Krupp habe sich nur widerwillig dem Aussperrungsbeschluß der anderen Ruhrbarone gebeugt.

Im Winter 1987–88 brach dieses sturmerprobte Treueverhältnis in Rheinhausen auseinander. Schon seit Jahren wurde es durch zwei Entwicklungen ausgehöhlt. Zum einen ist Krupp kein Familienunternehmen mehr. In der ersten schweren Wirtschaftskrise der Bundesrepublik verlor die Einzelfirma Friedrich Krupp 1967 ihre finanzielle Selbständigkeit und wurde in eine GmbH umgewandelt. Die zweite und tiefer gehende Rezession, die 1974 im Gefolge des ersten Ölpreisschocks eintrat, traf, da sie sich in der Stahlindustrie der westlichen Welt zum schwersten und längsten Niedergang dieses Jahrhunderts auswuchs, die Fundamente des Unternehmens. Um dem Preisdruck auf den Weltmärkten standhalten zu können, mußte die schrumpfende Produktion auf die modernsten und leistungsfähigsten Anlagen konzentriert werden. Etliche unausgelastete Anlagen und ganze Werke mußten stillgelegt werden, um die Überlebensfähigkeit der verbliebenen zu sichern.

Ein Teufelskreis setzte ein: Je kostengünstiger ein Werk produzieren will, umso intensiver muß es seine Anlagen nutzen, umso mehr muß es produzieren. Damit rettet es eine Existenz und nimmt zugleich den anderen die Arbeit. Das ist noch nicht einmal ein Nullsummenspiel. Stabilität gibt es nur bei stets kleiner werdenden Zahlen – von Werken wie von Arbeitsplätzen. Es steht nicht mehr zur Debatte, ob Werke geschlossen werden, sondern nur welche. Krupp und Mannesmann, die beide unter den hohen Kosten von Überkapazitäten leiden, wollen gemeinsam ein Hüttenwerk auf der anderen Rheinseite auslasten, um sich auf diese Art wettbewerbsfähige Stahlpreise und damit Beschäftigung für ihre weiterverarbeitenden Betriebe zu sichern. Für Rheinhausen ist in diesem Plan kein Platz mehr. Der Druck kommt von einem anonymen Markt und wird von einem anonymen Management weitergegeben. Krupps Zukunft liegt hinter dem Ende von Rheinhausen.

5/6 Das Tor 1 des Hüttenwerks in Duisburg-Rheinhausen vor und nach der Demontage des Kruppschen Firmenemblems während der Demonstrationen gegen die Firmenstillegung im Winter 1987–88

Das viel beschworene Treueverhältnis ist am Ende – einseitig aufgehoben. Mit der angekündigten Entlassung vieler und der Schließung des Werkes wurden die ›Kruppianer‹ ihrer besonderen Identität beraubt – sie raubten im Gegenzug dem Hüttenwerk sein Symbol: Die drei mythischen Ringe über dem Werktor (Tor 1) wurden von Betriebsangehörigen demontiert (vgl. Abb. 5 f.). Es steht jetzt ebenso nackt da wie sie selbst. Daß es Ringe sind, die im Zorn weggeworfen wurden, erinnert an eine schmerzhafte, abrupte Scheidung. Für ›vernünftige Argumente‹ und ›Einsicht in die gewandelten Verhältnisse‹ ist hier kein Ohr mehr offen. Wo sie vorgetragen werden, ernten sie nur noch Hohn und Haß. Die verfeindeten Partner von einst sind unfähig zur Kommunikation und handeln nur noch symbolisch und auf Rechtfertigung nach außen bedacht. Das Werktor wird zur Arena des Scherbengerichts.

Als der Betrieb der Hütte schließlich doch fortgeführt wird, weil sich die Stahlkonjunktur wieder gebessert hat, ist dort nur noch ein Hochofen in Betrieb. Er allein produziert eineinhalb Mal soviel Roheisen wie die gesamte Friedrich-Alfred-Hütte bei ihrer Fertigstellung.

Das Werktor: Medium und Grenze

Siegfried Zielinski

1 Besetzung des Werktores einer italienischen Fabrik in Joris Ivens' Film *Lied der Ströme*, 1954.

LLA CLASSE
ERAIA

Es gibt Orte – und es gibt Nicht-Orte. Orte bieten Platz, Zeit und Raum für Handlungen, Gefühle, Gedanken, Kulturen . . ., sind Aktionsfelder, die sich in ihrer jeweiligen Identität dadurch bestimmen, daß sich Menschen mit ihren Tätigkeiten und verschiedenen Lebensentwürfen darin eingeschrieben haben. Als Nicht-Orte bezeichne ich die Anordnungen, Artefakte, Markierungen zwischen den diskreten Feldern; sie verbinden oder zergliedern (Individuen, Familien, Gruppen, Nationen, Klassen, Schichten, Lebensstile . . .), sie können Kommunikation stiften oder verhindern, sind Vermittler, Durchgänge auch – sowohl in chrono-logischer als auch in räumlicher Hinsicht. Konjunktion und Trennung – das sind die beiden Qualitäten, die sich mir (in Analogie zum sprachlichen Diskurs) am ehesten aufdrängen, wenn ich mit dem Lautbild WERKTOR konfrontiert werde.

Das Werktor ist ein Nicht-Ort,
ein Interregium,
eine architektonische Grenzziehung

Es ist der Doppelcharakter einer jeden Grenze, der darin zum Ausdruck kommt, Trennung und Verbindung zwischen verschiedenen Befindlichkeiten, sozialen Dispositionen, Lebensweisen, Rhythmen, Sphären, Geruchswelten, auditiven und visuellen Erfahrungen zu sein. Grenzen erzeugen ein Innen und ein Außen (je nach Standpunkt des Wahrnehmenden); Grenzen dienen der Kontrolle, der Formung des Verkehrs, parzellieren, erzeugen Quarantäne, inkubieren, können aber auch Schutz bieten. Sie sind in diesen vielfältigen Bedeutungszuweisungen auch vielfach und sehr unterschiedlich symbolisch besetzt, in ihrer konkreten Ausformung mitunter als Paradoxien oder Antagonismen konstruiert.

2 Bergarbeiterstreik im Ruhrgebiet, 1912.
Streikende lesen am Zechentor den Schießerlaß des Regierungspräsidenten vom März 1912.

Reale Zeichenträger

In diesem Sinne einer Grenze, einer Vermittlerin ist das Werktor Medium und zwar wiederum in einem mindestens doppelten Sinne: Es birgt Signifikanten in sich und kehrt diese in seiner Bauweise und in seiner architektonischen Form nach außen. Das Medium Werktor spricht eine Sprache, die jeder versteht, sei es, daß er unmittelbar als Besitzer von Arbeitskraft oder als Werksbesitzer in den Austauschprozeß des Alltags integriert ist, sei es, daß er als Passant oder Beobachter auf die Artefakte trifft. Die in der Regel abschreckende Höhe, das schwere Material, Gittergebilde, Stacheldraht, elektrische Sicherungen, Ornamente . . . verweisen auf Besitzansprüche, territoriale Privilegien, Kontrollbedarf, Abschottungs- und Disziplinierungswünsche. Sie sind Insignien eines Dispositivs der Macht.

Die extremste und in ihrer Zeichenorganisation verzerrteste Form erreichten solche Anordnungen an den Grenzen zu den Todesfabriken, an den Grenzen zu jenen Orten, an denen die Vernichtung durch Arbeit mit brutalstem, industriell organisiertem Massenmord verknüpft war, in Ausschwitz zum Beispiel und den angrenzenden Rüstungsbetrieben, die sich wie Parasiten um die Todesfabrik ausbreiteten: unter den Markenzeichen von Krupp, Siemens-Schuckert und vor allem IG-Farben.[1] »Unter den Klängen der Lagerkapelle, die aus Häftlingen zusammengesetzt war und während des Ausmarsches am Lagertor spielte, marschierten die Arbeitskolonnen zur Arbeit. Abends kehrten die Häftlinge todmüde und blutüberströmt, ihre toten Kameraden auf dem Rücken schleppend oder auf Handwagen ziehend, von der Arbeit zurück. Diesem traurigen Zug von Schatten und Toten spielte die Lagerkapelle abermals auf. Die Leichen der bei der Arbeit ermordeten Kameraden wurden in ›Reih und Glied‹ auf den Appellplatz gelegt, denn die Zahl der Häftlinge mußte beim Appell mit den Evidenzlisten übereinstimmen. Ob diese nun lebendig oder tot waren, spielte beim Zählappell keine Rolle.«[2]

›Jedem das Seine‹ war in eisernen Lettern in das Gitter des Lagertores von Buchenwald eingeschweißt. ›Arbeit macht frei‹, die Phrase von Ausschwitz, stand auch in großen dunklen

3 Bergarbeiterstreik im Braunkohlerevier in Mitteldeutschland, Oktober 1927.

Blockbuchstaben auf weißem Grund in einem schwungvollen Bogen über dem Eingangstor von Theresienstadt geschrieben: perverse Verkehrung der wirklichen Verhältnisse. Gegen den Strich gelesen legt sich der Antagonismus allerdings selbst offen, in der Konjunktion von ›Arbeit‹ und ›frei‹ durch MACHT.

Medium ist das Werktor in seiner Geschichte aber auch, indem es vielfältig – vor allem im geschlossenen Zustand angesichts von Streik, Arbeitsmangel und Aussperrung – als Zeichenträger, als Fläche für Botschaften an Kollegen wie Passanten benutzt wurde (vgl. Abb. 1 f.). »Streik« schrieb ein Arbeiter für viele 1927 mit weißer Kreide auf den dunklen Grund des Tores seiner Fabrik, fotografiert von einem – wie er selbst – anonym gebliebenen Kollegen (Abb. 3);

neben oder an das Tor wurden und werden Plakate, Aufrufe, Informationen, Bekanntmachungen, Agitationen geklebt (vgl. Abb. 4 ff.); Botschaften, welche die dispositive Anordnung zu konterkarieren oder zumindest zu kommentieren vermochten, aber auch wiederum Botschaften, welche den Lesenden zur Verzweiflung brachten. Bert Brecht und Slatan Dudow haben dies in den Eröffnungssequenzen des Filmes *Kuhle Wampe* inszeniert, um den anschließenden Selbstmord des jungen arbeitslosen Berliners Bönike glaubwürdig erscheinen zu lassen (vgl. S. 137). Aus dem Post-Script: »*46. Einstellung (Länge 6,4 m), Halbtotale*: Auf einem Hinterhof, neben einem kleinen Fenster, ein Schild ›Portier‹. Das Rad an der Hand führend, geht der junge Bönike auf das Fenster zu. Von dem Pförtner ist nur das Gesicht zu sehen. Er gibt anscheinend eine abschlägige Auskunft. Daraufhin geht der junge Bönike nach links aus dem Bild. Ein zweiter Arbeitsloser fährt heran, steigt ab und fährt, als auch er abgewiesen wird, sofort weiter. Nun stellt der Pförtner ein beschriebenes Brett ins Fenster. Ein dritter Radfahrer hält an dem Brett nur noch kurz an, ein vierter fährt im Bogen daran vorbei. *47. Einstellung (Länge 2,1 m), Nah*: Auf dem Brett steht mit Kreide in deutschen Buchstaben geschrieben: Arbeiter werden nicht eingestellt . . . *52. Einstellung (Länge 9,4 m), Halbtotale*: Ein Fabrikgebäude. Sehr schnell von links kommend, fahren die sechs Arbeitslosen mit dem jungen Bönike an der Spitze in eine Durchfahrt in der Bildtiefe. Die Kamera schwenkt langsam nach oben und zeigt Fensterreihe für Fensterreihe des sechsstöckigen Gebäudes. Sie hält bei der letzten an und schwenkt rasch unten auf die Durchfahrt, aus der mit großer Hast und in zersplittertem Feld die Männer wieder herausfahren. Der junge Bönike ist jetzt dritter.«[3]

Fiktion

Der Kulturkritiker und Philosoph Siegfried Kracauer formulierte für seine publizistische Arbeit einen tragenden Leitgedanken: »Der Ort, den eine Epoche im Geschichtsprozeß einnimmt, ist aus der Analyse ihrer scheinbaren Oberflächenäußerung schlagender zu bestimmen als aus den Urteilen der Epoche über sich selbst.« Legte man die Bedeutung frei, die der populäre (Medien-)Diskurs dem Werktor zuschreibt, so müßte man konsequenterweise zu den Vorstellungsbildern vordringen können, die das zeitgei-

4 Geschmücktes Werktor im VEB Stahl- und Walzwerk Riesa, 1952.

stige Bewußtsein von diesem Phänomen bestimmen. Es ist primär ein fiktional geprägtes. Ein materialreicher und entsprechend ergiebiger Komplex dafür wäre etwa die populäre Fernsehkultur, konkreter: der TV-Krimi als serielles Attraktionszentrum des Mediums, zumindest insoweit er den Kontakt zur sozialen Wirklichkeit zu halten versucht. Dieses Genre liebt die Zwischenräume (Hallen, Korridore, Treppenhäuser, Gangways . . .), die Grenze und die Grenzüberschreitung für den Aufbau von Spannungen, die Dramatisierung von Konflikten. Das Werktor entfaltet hier kaum seine Bedeutung als Bezugsfläche wie Hintergrund für sozialen Kampf, kulturelle Identität und Pause, als Medium der Agitation und Propaganda; vielmehr stehen deutlich seine herrschaftsdispositiven Eigenschaften im Vordergrund, überhöht, inszeniert, unterhaltungsdramaturgisch aufgeladen. Der scheinbar allwissende Pförtner des Anwesens als vorgeschobener Außenposten des Besitzers, die Pförtnerloge als stilisierte Grenzkontroll- und technisch aufgerüstete Observationsstation, das Tor in der Mauer als heimlich (in der Regel nächtens) zu überwindender Schutzwall fremden Eigentums; der dahinterliegende private Raum wird zum Ort des Verbrechens, der das Betriebsgelände Betretende zum Eindringling in einen geheimnisvollen, durch eigene Gesetze bestimmten Raum – dies sind Klischees, die der populäre Diskurs mit Vorliebe ästhetisch praktiziert und innerhalb derer es keinen Platz für die sozial- und kulturgeschichtliche andere Konnotation gibt.

In Robert Köhlers Gemälde *Streik* von 1886 sind (noch) keine Grenzen verzeichnet: »Eine Abordnung der aus der Fabrik zum Streik aufgebrochenen Arbeiter erklärt dem Fabrikherrn an der Treppe der Fabrikantenvilla die Forderungen.«[4] Die dunkle Fabrik im Bildhintergrund und die im Bildvordergrund angeschnittene Villa des Besitzers befinden sich auf einem unzerteilten Grund; keinerlei eigens als solche gebaute Barriere trennt die Klassen voneinander ab. Trotz der markanten sozialen Differenzen, die sich etwa in der Kleidung und in der angedeuteten Architektur der Gebäude ausdrückt, vermittelt sich hier auch Nähe, Aufeinanderangewiesensein, fast familiäre Intimität, betont durch die Präsenz

5 Geschmücktes Werktor im VEB Stahl- und Walzwerk Hennigsdorf, 1950.

6 Festschmuck des Werkeingangs anläßlich des 100-jährigen Bestehens der Zeche Shamrock in Herne, 1957.

7 Mittagspause im Ruhrgebiet, vor 1928.

der Kinder und Frauen. Hier existiert auch keine erkennbare Trennung zwischen dem Privaten und dem Öffentlichen. Arbeit und soziales Aufbegehren sind gleichermaßen privat und öffentlich.

Einem Gemälde (unter Einbeziehung der Zeitdimension) gleich hat Michelangelo Antonioni 78 Jahre später in *Il deserto rosso* (*Rote Wüste*; vgl. S. 140) die geschichtlich umgewälzten Verhältnisse der fein säuberlichen Trennung inszeniert, deren schmerzhafte Folgen, aber auch schon deren historischen Anachronismus mit reflektierend. Seine brutal die Umwelt attackierende Fabrik liegt am Rande der Stadt in einem öffentlichen Niemandsland, an der Peripherie (in der es keine klassische Stadt-Öffentlichkeit mehr gibt, welche die politische Aktion wahrnehmen könnte). Die vertrauten sozialen und kulturellen Qualitäten des Nicht-Ortes sind noch vorhanden, aber gleichsam nur noch als Zitate einer vergangenen oder zu überwindenden Epoche. Vor dem Werktor und entlang der hohen Fabrikbegrenzung – durchlässig vor allem für die den Fabrikschloten entweichenden fetten, giftigen Rauchschwaden, die sich über das Umland legen – finden Versammlungen protestierender Arbeiter statt, ein kleiner, lose zusammengesetzter Demonstrationszug, der kein Publikum hat, lustlos ist. Der Ort ist in dieser Besetzung nicht mehr privilegiert. Die Gattin des Fabrikbesitzers passiert ihn zusammen mit ihrem Sohn, sehnsüchtig nach identifikatorischem Halt suchend. Dann doch in eindringlichen Bildern des Regisseurs die behutsame Inszenierung der nach wie vor existierenden sozialen Differenz und des vergeblichen Versuchs der Grenzüberschreitung: Die wunderschöne Bourgeoise (gespielt von Monica Vitti) nähert sich unsicher einer kleinen Gruppe gerade pausierender Arbeiter. Sie ist hungrig und bittet einen der Männer um sein bereits angebissenes Pausenbrot. Er reicht es ihr mit ebenso erstauntem wie einladendem Gestus. Sie besteht darauf, für das Brot zu bezahlen und drückt ihm, ohne sie gezählt zu haben, einige Münzen in die Hand. Obgleich sie sehr hungrig zu sein scheint, ißt sie nicht sofort. Sie verläßt den Ort und die Gesellschaft der ›Gastgeber‹. Sie schleicht sich in die verkommene Industrielandschaft hinein und verschlingt das Brot hastig, versteckt hinter einigen Büschen – Pause/Filmschnitt. Danach wird sie durch das Werktor gehen, auf ihren Besitz, und sie wird ihren Gatten treffen.

Aufhebung

Das Werktor ist, in seiner Funktion als Grenze wie als Medium, kein isolierter Sonderfall innerhalb der historischen Umstrukturierung der Kommunikationsverhältnisse. So wie sich allmählich in der Geschichte der bürgerlichen Gesellschaft zwischen die private Sphäre des Bürgertums und die öffentlich repräsentierte Gewalt (des Staates, der Aristokratie, der Kirche) die Zwischenform der Massenmedien, des publizistischen Marktes schob (Habermas), entstanden in vielen anderen gesellschaftlichen Bereichen Vermittlungs- und Trennungsformationen zwischen den Sphären, die gerade aufgrund ihrer abnehmenden Verschiedenartigkeit der Grenzmarkierung wie auch der (gelegentlichen) Konjunktion bedurften. Aufgehoben oder essentiell relativiert wird diese historische Anordnung gegenwärtig und im ausmachbaren Fluchtpunkt nicht in erster Linie etwa durch weniger abstoßende oder ausgrenzende architektonische Gebilde, sondern durch Prozesse, welche die klassische Trennung der Räume selbst fundamental in Frage stellt: durch die Installierung netzwerkartiger Strukturen hochtechnologisierter Arbeit und Dienstleistung, durch die zunehmende Integration von produktiven Tätigkeiten in die Sphäre der Privatwohnungen, durch die Schaffung von sogenannten Parklandschaften, in denen Arbeits-, Muße- und Restzeitkultur gezielt zusammengeführt und mit Orten verbunden werden, die für die materielle Reproduktion unerläßlich sind. ›Tele-Ports‹, ›Media-Parks‹ und ähnliche auf avancierter Informations- und Kommunikationstechnologie basierende Gebilde kennen keine Werktore mehr und brauchen solche wohl auch nicht mehr. Sie sind Inszenierungen der beanspruchten Harmonie und Ganzheit immaterieller Produktion. Ein ordentlicher, hochbezahlter Informatiker oder Kommunikationsdesigner – in dieser Hinsicht dem herrschenden (Bild vom) Architekten nicht unähnlich – benötigt keine Pausen mehr. Und der Kampf (zum Beispiel um ein höheres Gehalt oder eine Anhebung des Prämiensatzes) wird an keinem öffentlichen Ort mehr ausgetragen, sondern mutiert zum Verhandlungsobjekt im individuellen Gespräch mit dem zuständigen Personalmanager. – Zeit, so scheint es, dem eigenartigen Phänomen an der Grenze zwischen dem Öffentlichen und Privaten seine Geschichte zu schreiben.

8 Schichtwechsel in einer Munitionsfabrik, um 1915.

9 Das Werktor wird zum Nadelöhr, Schichtende in einem DDR-Kombinat.

Anmerkungen

1 Vgl. Gerhard Schoenberner, *Der gelbe Stern. Die Judenverfolgung in Europa 1933 bis 1945*, Hamburg 1960, S. 133 ff.
2 Jan Sehn, *Konzentrationslager Oswiecim-Brzezinka*, Warschau 1957, S. 77.
3 ›Filmtext Brecht/Dudow *Kuhle Wampe*‹ in *film*, September 1969, S. 43.
4 Wolfgang Ruppert (Hrsg.), *Die Arbeiter. Lebensformen, Alltag und Kultur*, München 1986, S. 269.

Bemerkungen zum Werktor in der bildenden Kunst

Peter Funken

1 Alfred Rethel,
Die Harkortsche Fabrik auf Burg Wetter, um 1834;
Öl auf Leinwand, 43 x 57 cm
(Mannesmann Demag AG, Duisburg).

Das Werktor der Borsig AG – wie der Eingang in himmlische Gefilde. Er weckt Vorstellungen von Burg, Schloß und Palast. Eine imponierende und herrische Architektur: Massives Mauerwerk, kunstvoll geschmiedete Gitter, farbige Mosaike. Der Pförtner grüßt, die Stechuhr tickt. Wer fleißig ist, darf träumen: ›Wir von Borsig! Gemeinschaft, Zugehörigkeit, Eisenbahnbau.‹

Das Werktor ist eine Maschine. Wie jede Maschine, so wird auch diese im Verlauf der gesellschaftlichen Entwicklung repariert, modifiziert und schließlich durch eine andere ersetzt. Am Werktor ändert sich die Geschwindigkeit. Der eintretende Mensch geht eine Synthese mit dem Produktionsbetrieb ein, wird Teil der Maschinerie Fabrik. Insofern ist das Werktor Transitpassage und Ort, an dem sich eine Gleichung vollzieht. Subjektive Befindlichkeit wird in objektive Arbeitsökonomie überführt. Das Werktor funktioniert als Architektur der Zurichtung. Sie bedeutet Sperre und Haftung: An der Schnittstelle ›Werktor‹ vollziehen sich bereits die besonderen Gesetze der Arbeit. Das heißt Zeitstruktur, Rhythmus und Ethik sind an der Erwirtschaftung von Mehrwert orientiert. Am Werktor endet das Nomadentum. Schweifen, Stottern, Stammeln, Sprachlosigkeit, Schwadronieren und jegliches nicht zielorientierte Handeln – als Ausdruck des Experiments ›Leben‹ – sind untersagt. Hier wird es Ernst. Das Werktor ist ein ernstes Tor und ähnelt darin dem Gefängnistor.

Das Werktor ist eine Erfindung des 19. Jahrhunderts. Wie fast alle Einrichtungen und Neuheiten dieser Zeit – ob Telegraf, Ergonomie, eiserner Klappstuhl, Eisenbahn oder Fotoapparat – unterliegt auch das Werktor einem Maschinenbegriff, der als gesellschaftlicher Schlüsselbegriff funktioniert und unter dem jede Lebensäußerung liniarisiert, kanalisiert und operationalisiert wird. Wie alle Neueinrichtungen des 19. Jahrhunderts gehorcht das Werktor einem inneren Prinzip, in dem Einschreibungen und Verbindlichkeiten, die von der größtmöglichen Verknüpfung aller Einzelteile handeln, gelten. Dies geschieht auch am Werktor: Der Einzelne – im Typ des Arbeiters – wird zum Kollektivisten und bindet sich der Masse ein. Ein so gestalteter Lebensprozeß durchdringt die Privat- und Intimsphäre und verändert sie im Sinne einer Anpassung an die Normen der Masse. Am Werktor scheiden sich die Geister: Es kann als erster, vorgelagerter Bereich einer Maschine angesehen werden und erlangt dadurch besondere Signifikanz – wirkt vermittelnd, spezifizierend und generalisierend.

Das Werktor besitzt Symbolcharakter. Es ist sozusagen ein ›Geradehalter‹ im Sinne des Arztes und Orthopäden Schreber und vergleichbar mit anderen ›Stützen‹ der Epoche – etwa den Sicht- und Gedankenstützen Eiffelturm und Fotografie. Auf das Werktor geht man als Einzelner zu, wird in der Masse gebündelt und findet Einlaß. Fast ist es wie beim Fotografieren, das im Objektiv Licht bündelt und verteilt, so daß an den richtigen Stellen des Films eine Belichtung stattfindet. Der Gedanke scheint absurd, aber das Werktor funktioniert wie ein Objektiv, und eine Fabrik arbeitet wie ein Fotoapparat – im Unterschied zum Lichtbild sind die Dinge, die in der Produktion entstehen jedoch dreidimensional. Der arbeitende Mensch hat die Aufgabe, Materie zu verdichten (zu belichten), zu formen (zu entwickeln) und in Serien zu produzieren (Reproduktionen herzustellen). Die Welt der Produktion schafft anstatt Lichtbildern dreidimensionale Abbilder. Folgt man diesem Gedanken, so ist der zu belichtende Film das Leben.

Die Darstellung des Werktores in der Malerei beginnt fast gleichzeitig mit der Darstellung industrieller Anlagen. Um 1834 malt Alfred Rethel *Die Harkortsche Fabrik auf Burg Wetter* (Abb. 1). Das Bild zeigt den Antagonismus zwischen Altem und Neuem, die Verdrängung des Feudalismus durch die Industriegesellschaft. Im Bildvordergrund ist – fast idyllisch – in der Mittelachse das geöffnete Werktor zu sehen, aus zwei flankierenden Wachhäusern, Pfeilern und eisernen Gittern erbaut. Rethel zeigt eine Staffagefigur im Eingangsbereich. Die bauliche Vermischung und Durchdringung mittelalterlicher Burgarchitektur mit neu errichteten Fabrikteilen, wie Hochofen, Puddel- und Walzwerk, erweckt den Eindruck des Unfertigen, noch im Experimentierstadium Befindlichen und radikal Expandierenden. Dagegen wirkt die Anlage des Werktores in ihrer rigorosen Symmetrie klar gegliedert, in der Anordnung ihrer Teile exakt und in der Funktion eindeutig bestimmt. So unfertig die Fabrikanlage im

2 Paul Klee,
Perspective einer industriellen Anlage, 1921;
Bleistift auf Papier,
22 x 28 cm
(Kunstmuseum Bern).

Inneren erscheint, so deutlich grenzt sie sich nach außen ab und definiert damit ihr Territorium. Formal löst Rethel die Konkurrenz von Altem mit Neuem, indem er Teile von Burg- und Fabrikarchitektur einander gegenüberstellt: Schornsteine, Burgturm, Kamine und Kirchturm stehen nah beieinander. Mit einem ähnlichen Prinzip steigert und unterstreicht der Maler die Bedeutung des Werktores: Im Innenhof des Fabrikgeländes – oberhalb des Tores – ist eine weitere Einzäunung zu sehen, in der Brennmaterial lagert. Diese zweite, innere Umzäunung unterstützt kontrastierend die Bedeutung der äußeren.

In Paul Klees 1921 entstandener Zeichnung *Perspective einer industriellen Anlage* sind zwei Eingänge oder Werktore erkennbar (Abb. 2). Bei der in der Aufsicht und in Durchsichten dargestellten Fabrik sind diese Zugänge durch Rundbögen, die in kubische Formen eingelassen sind, markiert. 1921 wurde Klee an das Bauhaus in Weimar berufen. Schon vorher hatte er sich eingehend mit dem Kubismus, den wahrnehmungsphysiologischen Theorien von Ernst Mach und den gestaltpsychologischen Untersuchungen von Friedrich Schumann beschäftigt. *Perspective einer industriellen Anlage* zeugt von Klees freier, künstlerlicher Umsetzung seiner analytischen Auseinandersetzung mit dem Wirkungsphänomen geometrischer Formelemente. Ohne daß irgendein Mensch auf dem Gelände der Fabrik zu sehen ist, scheint diese wie selbsttätig zu produzieren: Aus einem Rohr im Bildmittelgrund rinnt eine Flüßigkeit, eine große Scheibe und die runden Verschlußdeckel von zwei Silos verleihen dem konstruktiven Gesamtaufbau der Komposition Rasanz und Dynamik. Bei Klees Industrieanlage scheint es sich um eine gläserne Fabrik zu handeln, denn seine Darstellung erlaubt Durchblicke auf weit entfernte Baukörper und Einsichten in Raumteile, die eigentlich von Flächen verdeckt sein müßten. So entsteht in dieser Komposition durch Linearität Transparenz und schwebende Leichtigkeit. Das im Titel zitierte Industriemotiv mag zwar den Anstoß zu dieser Zeichnung gegeben haben, doch drückt sich schon in Klees Hinweis auf die *Perspective* sein Interesse am konstruktiven Darstellungsprozeß aus. Die Werktore sind in diesem Zusammenhang als rein formale Darstellungselemente zu begreifen, wobei die Rundformen einen Kontrast zu den durchsichtigen Kuben schaffen.

Später wird das Werktor zum Schlachtfeld. In der sozialkritischen und revolutionären Kunst der zwanziger und dreißiger Jahre begegnen sich am Werktor streikende Arbeiter und bewaffnete Polizei. Am Werktor verteidigt das Kapital sein Eigentum. Es ist die Klassenschranke, an der Interessenskonflikte in ihre erste, dramatische Phase treten. In den Holzschnitten von Gerd Arntz und Franz Wilhelm Seiwert warten die Streikenden meist ausgesperrt vor dem Werktor und verdecken den Eingang. Doch gibt es bei Arntz auch andere Darstellungen: Der Holzschnitt *Arbeitslose* von 1931 (Abb. 3) zeigt nicht mehr Alt und Neu, sondern Oben und Unten. Wie zahlreiche andere Werke des Künstlers bildet auch diese Graphik einen gesellschaftlichen Querschnitt ab. Der weiße, horizontale Balken im Bildmittelgrund trennt die Herrschenden von den Halbenichtsen, die Arbeitslosen am Werktor von den Arbeitslosen auf dem Fabrikdach. Während man oben speziellen Vergnügungen frönt – Geld und Zeit vergeudet, sexuelle Perversionen auslebt und praxisfern intellektualisiert –, kämpfen die Arbeitslosen unten um ihre Existenz. Der Schauplatz Werktor dient Arntz in seiner Beschreibung des Gesellschaftskonflikts als Schnittstelle unterschiedlicher Interessen und als Austragungsort der Gegensätze. Die bewaffnete Polizei steht neben der Fabrikmauer, die hier wie eine Schranke zwischen den Klassen funktioniert. Die Empörung der reduziert und anonym dargestellten Arbeitslosen drückt sich dabei auch in den wehrhaften Zacken des halbgeschlossenen Werktores aus. Starre Mauer und bewegliches Tor charakterisieren dabei zugleich die Kontrahenten der Auseinandersetzung.

3 Gerd Arntz, *Arbeitslose*, 1931; Holzschnitt, 30 x 21 cm.

4 Gerd Arntz, *Mittag vor der Fabrik*, 1927; Holzschnitt, 24 x 35 cm.

In dem Holzschnitt *Fabrik* von 1927 zeigt Gerd Arntz die Mechanisierung des Menschen durch den Arbeitsprozeß. Ein Pförtner bewacht den Eingangsbereich. Daneben hängt eine Stechuhr als Symbol der Überwachung durch den objektiven Faktor ›Zeit‹. Ein in den zwanziger und dreißiger Jahren immer wieder auftauchendes Motiv greift Gerd Arntz zu dem ebenfalls 1927 entstandenen Holzschnitt *Mittag vor der Fabrik* auf (Abb. 4): Anders als in den beiden vorherigen Beispielen, die wie viele Werke des Künstlers gesellschaftliche Wirklichkeit mit dem Kunstgriff von Querschnitten durch Mietshäuser, Fabriken, Gefängnisse, Banken und Bordelle anschaulich machen, wird hier die Arbeitspause als Moment des Atemholens dargestellt. Doch während die Männer essen und eine Frau am Werktor mit zwei Arbeitern spricht, marschieren zwei andere auf der rechten Bildseite entlang einer ansteigenden Linie – wie am Schnürchen – in das Innere der Fabrik.

Auch im Werk Franz Wilhelm Seiwerts – der wie Gerd Arntz Mitglied der revolutionär-konstruktiven Künstlergruppe ›Die Progressiven‹ war – ist das Werktor Ort der Konfrontation und Schauplatz des gesellschaftlichen Dramas. Anders als Arntz, der in seinen Graphiken die politische Situation analysiert, didaktisch und visuell argumentierend Partei ergreift und deshalb eine fast formalisierte, ›objektive‹ Bildsprache erfindet, wirken Seiwerts Werke in der formalen Gestaltung weniger streng und besitzen einen eher moralisch appelierenden Charakter. In Holzschnitten wie *Wer hungert wird erschossen* (1924) oder *Bürger und Arbeiter* (1928) wird das Tor in der künstlerischen Reduktion zum Engpaß und zur Berührungsstelle im Interessenskonflikt. Das Werktor erscheint in Seiwerts radikal politischer Kunst der zwanziger Jahre meist als stilisierte, halbkreisförmige Öffnung, die in der konstruktivistischen Formensprache häufig ihr bildnerisches Pendant in der Darstellung von Arbeiterköpfen findet. Die Kritik an der Gesellschaftssituation der Nachkriegszeit und die Suche nach einer modernen und verbindlichen – das heißt konstruktiven – Bildsprache führt Seiwert dazu, Werktor und Gefängnistor als Synonyme darzustellen, wie die Linolschnitte *8000 Gefangene* von 1924 (Abb. 5) und *Proleten erwacht!* (1925) zeigen.

Ein Sonderfall des Werktores – sozusagen seine katastrophale Ausformung – ist das KZ-Tor. Im Grunde funktionierte es nur in eine Richtung: Wer durch dieses Tor ging, konnte alle Hoffnung fahren lassen. Wie alle Tore markierte auch das KZ-Tor den Eingangsbereich eines besonderen Territoriums. Doch liegt der Unterschied zum Industrie-Werktor in der perfiden Funktion des KZ-Tores, das als totale Sperre, als Bauwerk des Hohns und der Schmach mit Sprüchen wie ›Jedem das Seine‹ oder ›Arbeit macht frei‹ von vornherein klar machte, wessen Reich man betreten hatte. Für die Schergen der SS war das KZ ein Arbeitsplatz, in dem das geplante und organisierte Werk der Massenvernichtung zu verrichten war. Die Häftlinge mußten im Lager schwerste Arbeit leisten. Arbeit und sinnlose Arbeit – wie im Fall der Errichtung der Lagertreppe in Mauthausen – waren zentrale Begriffe des Lagerlebens. Insofern ist das KZ-Tor als architektonisches Signal der menschenverachtenden Gesellschaftsordnung des NS-Staates zu bewerten, als baulicher Gegenstand, der die Bedeutung eines historisch tradierten Motivs aufnehmen und absorbieren wollte, es letztlich jedoch nur pervertierte.

5 Franz W. Seiwert, *8000 Gefangene,* 1924; Linolschnitt, 38 x 47 cm.

A.BORSIG

Wächter aus Zink: Borsig Berlin

Jens Eschrich

1 Die Borsigwerke in Berlin-Tegel mit Tordurchfahrt (links) und Markenhalle; erbaut von Konrad Reimer und Friedrich Körte 1896.

Das Werktor war im Historismus ein Ort, an dem sich der Geschmack des Fabrikanten durch die Auswahl der Architekturornamente ausdrückte. Das Tor der Borsigwerke in Tegel (1896) weist darüber hinaus zwei Portalplastiken auf, die wie zwei Wächter oder Gewändefiguren in Nischen der seitlichen Türme angebracht sind. Diese überlebensgroßen Figuren stellen einen Schmied und einen Gießer dar. Sie nehmen sowohl Bezug auf die Produkte, die in den Borsigwerken hergestellt wurden, als auch auf die an ihrer Herstellung beteiligten Arbeiter. Besonders auffallend ist, daß beide mit originalen Werkzeugen ausgestattet sind. Die Figuren wurden aus Zink gegossen und sind vor kurzem zum Schutz vor Umweltschäden von ihren Standplätzen entfernt worden. Nach einer Restaurierung stellt man im Augenblick Abgüsse her, die den Platz der Originale einnehmen sollen. Die Originalfiguren werden eine museale Aufstellung erfahren.

2 *Der Gießer*, Zinnskulptur mit Originalwerkzeug von Heinrich Ehricke und Gustav Seidel, 1859, Höhe 195 cm.

Bei der Restaurierung wurden in den Figuren zwei Zettel gefunden, die interessante Rückschlüsse über die Geschichte des Borsigtores erlauben. Auf den Zetteln werden als Former und Gießer der Figuren Heinrich Ehricke in Zusammenarbeit mit Gustav Seidel und Louis Köppen genannt, als Herstellungsort Berlin, als Herstellungsjahr März bzw. Dezember 1859. Die Borsigwerke sind allerdings erst 1894 nach Tegel verlegt worden, das Werktor wurde erst 1896 gebaut. Die Figuren sind also nicht für diese Aufstellung ausgeführt, sondern als ›Spolien‹ aus einem anderen Zusammenhang übertragen worden.

Zwei Orte kommen für die ursprüngliche Aufstellung in Frage: 1. die Maschinenbauanstalt und Eisengießerei an der Chausseestraße vor dem Oranienburger Tor, 2. das Eisenwerk in Moabit. An beiden Orten war die Firma Borsig seit der Mitte des 19. Jahrhunderts im Besitz größerer Gebäudekomplexe und ließ dort repräsentative Bauten ausführen. Von beiden Standorten gibt es Darstellungen, die erkennen lassen, daß sich dort geschmückte Werktore befunden haben. Wahrscheinlich ist eine Aufstellung der Figuren an der Chausseestraße, an der 1860 Heinrich Strack (1805–1880) neben anderen Gebäuden eine vielbeachtete Arkadenhalle am Zugang zum Betriebsgelände erbaute (Abb. S. 14). Baudatum und Herstellung der Figuren lassen einen engen Zusammenhang vermuten, sie standen jedoch nicht direkt auf der Arkadenhalle. Beim Abbruch dieser Betriebsanlagen 1887 wurden viele Schmuckstücke auf neue Bauten übertragen. Die Vermutung liegt nahe, daß auch die beiden Figuren zu diesem Zeitpunkt gesichert wurden und später in Tegel wieder Verwendung fanden.

Diese Episode erweitert unser Verständnis der Funktion des Werktores innerhalb des Betriebsgeländes um einen interessanten Aspekt: Es wurde für wichtig genug erachtet, mit figürlichem Schmuck ausgezeichnet zu werden. Diese Figuren wurden so hoch geschätzt, daß sie die Wanderung der Fertigungsanlagen mitvollzogen. Daß es sich dabei um Figuren von Arbeitern handelt und diese aus der Mitte des 19. Jahrhunderts stammen, läßt Rückschlüsse über das Verhältnis des Fabrikanten zu seinen Beschäftigten zu. Eine Würdigung der Figuren als Beispiele des Berliner Zinkgusses, einer Technik, die heute nicht mehr gepflegt wird, steht noch aus.

Anmerkung

Die Informationen, die diesem kurzen Beitrag zugrunde liegen, verdanke ich dem Vertreter des Landeskonservators, Herrn Wolff-Borwin Wendland. Der Inhalt der Zettel wurde mir durch die Restauratorengemeinschaft Mühlenbein-Schelkle zugänglich gemacht. Einzelheiten zur Betriebsgeschichte habe ich dem Buch von Helmut Lindner und Jörg Schmalfuß, *150 Jahre Borsig, Berlin-Tegel*, Berlin 1987, entnommen.

3 *Der Schmied*, Zinnskulptur mit Originalwerkzeug von Heinrich Ehricke und Gustav Seidel, 1959, Höhe 190 cm.

Das Werktor als Frontschauplatz, Achse und Kulisse im Film

Jörg Becker

1 Szene aus Fritz Langs *Metropolis*, 1925–26. In Blöcken schieben sich uniformierte Arbeiterkolonnen zum Schichtwechsel durch die Werkszugänge. Vor dem Gittertor hetzt das Maschinenwesen in Gestalt der Maria (Brigitte Helm) die Arbeitermassen zur Zerstörung der Maschinen auf.

Am Anfang der Kinematographie, als ein Film aus einer Einstellung bestand, die sich auf Menschen und Fortbewegungsmittel richtete und deren Bewegung festhielt, stand die Aufnahme vom Lumière-Werktor. Louis Lumière war Industrieller und Photograph, spezialisiert auf Momentaufnahmen. Seine ›bewegte Momentphotographie‹ *La sortie des usines* (Abb. 2), die als der erste Film gilt, präsentiert das Werktor von Lumière, einer Fabrik für photographische Produkte, die er zusammen mit seinem Vater und seinem Bruder Auguste leitete. Aus Experimentierdrang und zugleich zum Zweck der Demonstration des eben erfundenen Apparates, richteten die Lumières ihre Kamera auf nächstliegende, selbstverständliche Szenen, Bilder des Alltags. Lumière bevorzugte anekdotische Bilder, von denen er viele in seinem eigenen Betrieb aufnahm, und wie ein Liebhaber drehte er Filmbilder über das private Leben, »unbeabsichtigte Dokumentarberichte über eine reiche französische Familie gegen Ende des 19. Jahrhunderts« (Georges Sadoul). Die erste Kinovorführung fand in Paris am 28. Dezember 1895 im Grand Café auf dem Boulevard des Capucines in einem Souterrain-Saal statt. Die zwanzigminütige Veranstaltung hatte einen durchschlagenden Erfolg.

»1894. Décembre. M. Lumière invente un nouveau kinétoscope de projection« (*L'Almanach Hachette*; Edition 1896). Fünf Wochen nach Erhalt seines Patents am 13. Februar 1895 gab Louis Lumière eine öffentliche Vorführung (›Projection‹) seines Apparates, die zu einem historischen Ereignis wurde. Diese erste öffentliche Demonstration fand am 22. März 1895 in der ›Société d'encouragement pur l'industrie nationale‹ in Paris, 44, rue de Rennes, statt – gegenüber der Kirche von Saint-Germain-des-Prés und neben dem Café des Deux-Magots. Der Filmstreifen, auf dem festgehalten ist, wie Beschäftigte der Lumière-Fabrik in Montplaisir die Ateliers durch das Werktor verlassen, gehörte zu

2 *La sortie des usines* von den Gebrüdern Lumières, 1895.

den gezeigten Filmaufnahmen. Die Brüder Lumières hatten mit ihrem patentierten Kinematographen Fabrikeingang und Belegschaft ihres eigenen Betriebes gefilmt.[1] Neben städtischem Verkehr und Straßenansichten, neben alltäglichen Impressionen, Menschenbewegungen in Landschaften und Szenen von burlesker Komik steht ein Tor-Bild, das nicht nur einem ersten filmisch-formalen Reiz gehorcht, nämlich eine Durchgangsbewegung von Menschen durch eine Art bildinternen Einstellungsrahmen anschaulich zu machen, sondern das überdies Privatbesitz vorzeigt, in der Präsenz des statischen Tores, einem ›Verschluß‹ des Eigentums der Lumières.

Es hat mehrere Versionen der Werktor-Einstellung gegeben, die in merklichem, am Geschehen im Filmbild selbst feststellbaren Abstand voneinander aufgenommen worden sein müssen. Die ersten Filmbilder lassen sich bereits als Quelle betrachten, als ein zeitspezifisches Material von Bildern, denen etwas abzulesen bzw. aus denen etwas herauszulesen ist.

Der leere Vordergrund
›La sortie des usines‹

La sortie des usines, Version 1 (Aufnahme: etwa 15. März 1895): Arbeiterinnen in Glockenrock und mit Federhüten, Arbeiter, die ihre Fahrräder schieben, und Kinder verlassen die Fabrik (Abb. 2); sie beeilen sich, zum Essen zu gehen – heißt es in schon deutender Beschreibung durch einen zeitgenössischen Zuschauer. Nach dem Personal kommen die Fabrikherren Lumière im offenen Zweispänner durch das Tor gefahren. Dann schließt ein Wärter die Pforten. Die zweite Version des Werktormotivs der Lumières wird auf ca. Juni/Juli 1895 datiert. Die Mehrheit der Arbeiter trägt Sommerkleidung. Vier oder fünf Radfahrer sind zu sehen, jedoch kein Wagen. Zu Beginn der Einstellung wird das Tor geöffnet, am Ende geschlossen. Wir sehen ein einziges Bild. Es wird noch nicht durch ein vorheriges und ein nachfolgendes bestimmt oder relativiert. Der Fabrikeingang bildet eine feste immanente Kadrage (Einstellungsgröße) innerhalb des Bildrahmens. Der, der den Aufnahmeapparat bediente, mußte zu jener Zeit den Rahmen des Bildes abschätzen – Lumières Cinematograph besaß noch keinen eingebauten Sucher.

3 Straßenszene vor einem Werktor in Ägypten aus Jean-Marie Straubs und Danièle Huillets Film *Zu früh/zu spät,* 1980–81.

Ein Bild vom Tor einer Zuckerfabrik in Ägypten, gefilmt in einer sehr langen, starren Einstellung, ist im zweiten Teil (›Mahmud Hussein‹) des 1980/81 gedrehten Films *Zu früh/zu spät* von Jean-Marie Straub und Danièle Huillet enthalten (Abb. 3). Ein Viertel der Einstellungslänge etwa wird zu dem Text *Luttes sociales in Egypte* in Beziehung gesetzt, der unter dem Pseudonym Mahmud Hussein erschienen ist; er spricht von einer Rebellion gegen die britischen Besatzer 1919 und von Kampfformen der Arbeiterschaft. Der Film vereinigt Gegebenheiten der Schauplätze in Frankreich und Ägypten: weites Land, den Erdboden, Vegetation und Himmel, bebaute Felder, Straßen und Wege, Kanäle, Bahnschienen, Wohnhäuser, Stadtpanoramen – Kulturlandschaften in ihrer Geschichtlichkeit. In seinen Einstellungen hält der Film Bildebenen unterschiedlicher Dauer fest, unterschiedliche Zeitordnungen und Veränderlichkeiten; bringt eine radikal egalitäre Zeugenschaft der besonderen Vergangenheit alles Sichtbaren in den Bildern zur Anschauung. Ein Film wie die Entdeckung des Kinos, so ein Besucher, »gefilmt, als wäre es zum ersten Mal, und die Leute entdecken die Kamera, als ob es zum ersten Mal wäre«.[2] *Zu früh/zu spät* schlägt den Bogen zurück zu Lumières erstem Werktorbild, zu den Anfängen des Films.

Eine ›distanzierte Totale‹ zeigt, wie ägyptische Arbeiter aus einem Werkseingang in vager Richtung über einen Vorplatz strömen. Viele von ihnen tragen lange Gewänder, Kaftane. Vielleicht ist es das weite, fallende Tuch ihrer Kleidung, das dem Gehen der Männer Tempo und Zielstrebigkeit nimmt oder zumindest abschwächt. Ihre sichtbaren Bewegungen erscheinen langsamer, diffuser, weniger gerichtet und funktional, als es hierzulande üblich ist, eher schlendernd . . . Man sieht vereinzelte Gegenbewegungen, ein Stehenbleiben und Aufmerksamwerden einzelner Personen, viele schieben ihr Fahrrad. Ein Esel, Automobile und ein Traktor durchqueren die Szenerie des Vorplatzes in verschiedenen Richtungen. Mit der Dauer der Aufnahme nehmen auch die visuellen Entdeckungen zu, Entdeckungen minutiöser Deskription – der Vorplatz leert sich allmählich, sein Bild ist von dem eben Gesehenen gleichsam aufgeladen, Spuren sind eingeschrieben.

Schauplätze und Bilder des Kampfes

David Wark Griffiths Film *Intolerance* (USA, 1916). In Griffith's »Drama der Vergleiche« (Sergej Eisenstein) wird der Fall der Stadt Babylon, die Kreuzigung Christi, das Massaker an den Hugenotten (Bartholomäusnacht) und die verhinderte Exekution eines unschuldig zum Tode Verurteilten zusammengesetzt; die letztere zeitgenössische Geschichte beginnt mit der blutigen Niederschlagung eines Protests von Mühlenarbeitern gegen eine Kürzung ihrer Löhne. Der Werkseingang: Eine riesige Menschenmenge, von erhöhtem Standpunkt aus betrachtet, dringt in die weite Werkstraße ein – eine mächtige, dichte Totaleinstellung, ein ›lebendiges Industriegemälde‹. Lohnkürzung: ein Anschlag am Bretterhaus neben dem Eingang. Kreiselndes, gärendes Auf-der-Stelle-Treten der Menschen; Hüte fliegen, man sieht bereits einen Redner. Näher am Geschehen: deutliche Gestik der Entschlossenheit. Angehörige, Frauen und Kinder, verfolgen von einer Anhöhe aus den Kampf, ihre Blicke seitlich aus dem Bild gerichtet. Die ›Reservearmee‹, bereit, einen Platz in der Fabrik zu übernehmen, drängt sich an einer Absperrung zusammen. Jetzt prescht Miliz die Straße herauf und geht in Stellung. In einer Kreisblende, und wie vom Feldherrnhügel, sieht man auf der Straße in Richtung der Fabrik die Schützenlinie des Militärs – die Augenzeugen auf dem Hügel wenden entsetzt die Blicke ab. Maschinengewehre auf Rädern beginnen zu feuern. Eine Vordergrundfigur aus der Arbeitermenge reißt zu den Feinden gewendet sein Hemd auf. Schon rücken die Fronten als Vordergrund und Hintergrund desselben Bildes zusammen. Die Miliz hält gegen die hinter dem Fabriktor verdeckten Arbeiter die Gewehre in Anschlag; »Clear the property!« lautet die Order.

Das Schlachtfeld des Arbeitskampfes wird exponiert, eine fast bildfüllende weiße Fläche, an deren oberem Rand die Front der zurückweichenden Arbeiter erkennbar ist. Aufgewirbelter Staub und Pulverdampf verschleiern den Schauplatz; eine langsame Schwenkbewegung rückt Opfer der gewaltsamen Unterdrückung ins Bild. Um die leblos am Boden Liegenden werden bereits die schießenden Verfolger sichtbar. Aus der dramatischen Schuß-Gegenschuß-Koppelung der Bilder beiderseits der Front ist eine in Ort und Zeit einheitliche Szene entstanden. Der mit einem Mal einheitliche Schauplatz der Handlung offenbart etwas von der Wahrheit des Gesehenen, ein Resümee: ein Bild des Todes und der Leere. In großer Überschau auf die Szenerie sowie die Nahaufnahmen der Opfer, aus distantem

4 Schichtwechsel am Werktor,
Szene aus Fritz Langs *Metropolis*, 1925–26.

Blick und der Ergriffenheit setzt der Film die Schlacht und den Tod zusammen. Jede Grenze, jede Kampflinie scheint schließlich aus den Bildern eliminiert, so wird die furchtbare Niederschlagung sichtbar. Ein Exodus in die nächstliegende Stadt beginnt; der Film wendet sich einer anderen Geschichte zu.

Im Zusammenfall konzentrischer Lichtstrahlen entsteht auf der Leinwand der Name *METROPOLIS* (Deutschland 1925–26; Abb. 1, 4). Kolbenrhythmus, bildfüllendes Ineinander von Zahnrädern, der mechanische Betrieb eines visionären Ganzen der Zukunft, sein Maschinenraum. Ordnung und Rhythmus, mechanische Wiederholung und Tempo. Das dezimale Zifferblatt der Uhren steht für den Zehnstundentag. Dynamisch gegeneinandergesetzte Diagonalen; eine Dampfsirene signalisiert: Schichtwechsel! »Die Massen bewegten sich nun vorwärts: Menschen über Menschen, alle in der gleichen dunkelblauen Uniform, die nackten Füße im gleichen groben Schuhwerk, die glattgekämmten Haare in den gleichen dunklen Mützen« (Thea von Harbou). Gittertore heben sich, und Menschenblöcke in Reih' und Glied schieben sich mit gesenktem Kopf im Gleichschritt aneinander vorbei durch die Zugänge zu den Maschinensälen, numerierte Gefängniszellen für Mencheneinheiten. Eine de mütige Opferprozession, dem Moloch taglich die Lebenskraft überlassen zu müssen. In gefüllten Aufzugsplattformen gleiten sie auf die Wohnebene der Arbeiter, entlassen in die Unterstadt. Das erste Bild vom Schichtwechsel ist frontal aufgenommen; es betont den Charakter der Verschiebung von Menschenmassen gegeneinander, Manövriermassen, und gleicht sich in seiner Aufteilung einem Bild von Fahrspuren an. Die inszenierte Geometrie menschlicher Blöcke und die Mechanik ihres Bewegungsablaufs veranschaulichen eine Choreographie der Massenhypnose und verraten zugleich die Lust des Regisseurs Fritz Lang am technischen Analogon. Traumwandlerische, dingliche Verschiebungen, als läge der ganze Druck der Oberstadt Metropolis auf den Körpern der Arbeiter. Gleich, ob sie den Zehnstundentag vor oder hinter sich haben, sie sind nicht voneinander zu unterscheiden.

Maschinensturm in Metropolis: Ein Roboter mit menschlichem Antlitz predigt den Arbeitern

5 Sergej Eisensteins *Streik*, 1924.
Die Maschinen sind gestoppt. Ein massenhafter Demonstrationszug verläßt die Fabrik durch die Verengung am Werktor.

6 Szene aus Wsewolod Pudowkins *Die Mutter*, 1926.
Ein Trupp ›Schwarzhundertschaften‹, von der Fabrikleitung als Schlägerbande eingesetzt, erwartet zum morgendlichen Arbeitsbeginn auf dem Werksgelände eine Gruppe von Arbeitern. Der Werksportier – vorn auf dem Stuhl – wird von seinem Posten wegbeordert.

die Revolte, und das vormals sakrale Bild einer demütigen Gemeinde verwandelt sich in das von entfesselter Akklamation gewalttätiger Erhebung. Die, die gerade noch wie Automaten erschienen, zerstören nun, mit Hämmern und Stangen bewaffnet, die Tore, Hindernisse auf dem Weg zu den Maschinen, eine Apparatur wie ein Altar. Schlangenhaft windet sich die ›falsche Maria‹, das Leitbild des Aufstands, zwischen den Gitterstäben der Tore hindurch, bevor sie im Ansturm der Folgenden herausgerissen werden. Ein Zauberwesen, das Medium des Herrschers der Stadt, provoziert die Entladung eines (selbst-)vernichtenden Triebes.

Ein Mord, der einer Hinrichtung gleicht – das Opfer war gewarnt worden und hatte seinen Mörder ohne Gegenwehr erwartet –, führt in Robert Siodmaks Film *The Killers* (USA, 1946) zur Recherche nach dem Vorleben des Toten. Während der Detektiv bei seiner Aufklärungsarbeit in der Stadtbibliothek im Off einen Zeitungsartikel zu einem Raubüberfall liest, beginnt im achten Flash-back des Films der Einsatz zu dieser waghalsigen Tat: dem Raub von Lohngeldern aus einer Hutfabrik.[3] Mit einer schnittlosen Kamerabewegung, die wie die abgerundete Figur einer kalligraphischen Linie durch den Raum verläuft, sind die Aktionen in der nächsten Umgebung des Fabrikeingangs festgehalten. Die durchgehende Aufnahmefigur in dieser Szene hebt die zentrale Stellung der dargestellten Tat innerhalb der Intrige hervor. Der Verlauf des Überfalls scheint keine Aufteilung und Untergliederung der Szene zuzulassen; die Verfolgung dieser Tat wirkt aufgrund der ununterbrochenen und gleichmäßig distanzierten Aufnahme durch eine Kamera, die von erhöhtem Standpunkt aus einen engen Raum durchquert, gleichermaßen dokumentierend und artifiziell. Der Hergang fesselt den Blick des Betrachters. Schwebend überquert die Kamera die Werktorgrenze, schwenkt den Bildausschnitt vorbei am Firmenschild auf Pförtnerhaus und Werkschutzmann neben einem engen Durchgang, durch den eine lange Reihe anstehender Arbeiter das Betriebsgelände betritt und nach hinten abgeht.

»Vier Fremde schmuggeln sich unter die Tageschicht kurz vor acht« – so die Off-Stimme. Man nimmt seine Stempelkarte aus dem Fach und drückt sie direkt dahinter in den Kasten der Stempeluhr. Der Aufnahmeapparat senkt sich leicht aus der Obersicht herab, folgt den Männern in gerader Richtung der Werksstraße; man meint über der Tormitte zu schweben, dann tendiert die Kamera zur anderen Seite und hebt sich auf die Höhe des ersten Stocks, wo die nicht identifizierbaren Eindringlinge auftauchen – durch die Scheibe des Lohnbüros wird der Zuschauer Zeuge eines Raubüberfalls in Realzeit. Die Kamera schwenkt zurück in ihre Mittelstellung über dem Eingang, auf den jetzt aus dem Hintergrund ein Lieferwagen zufährt. Die vier haben das Büro verlassen, warten am Eingang zur Werksstraße, bis sie in der Deckung des Transporters durch das sich langsam öffnende Tor gelangen. Wie auf einem der Türflügel fährt der Ausschnitt nach außen, rückwärts mit, folgt den Dieben, die an der Wagenseite vorbei auf ihre beiden Fluchtwagen zulaufen. Auf dem Vorplatz des Werks kommt es zu einem Schußwechsel, in dessen Verlauf ein Werkspolizist vor dem Tor zusammenbricht.

Die Kamera, durchweg mit erhöhtem Blickwinkel, vergrößert den Abstand zum Geschehen, und der Film blendet über in die Situation des rückblickenden, rekonstruierenden Detektivs, ein Übergang aus einer abgezirkelten Schwebebewegung, in deren Verlauf die Kamera die Werktorgrenze beständig überquert, umspielt und zu ihrem Ausgangsort macht. Lediglich das Firmenschild, ein Ausschnitt des Bogens zu Beginn und am Schluß die Torflügel lassen etwas von einem zentralen Tor sehen, das doch den Schauplatz der Inszenierung bildet.

Bildräume und Übergänge

Der fiktionale Film setzt ein Werktor nicht in Szene, ohne daß irgendwann einmal jemand hindurchgeht, eine Übergangsbewegung stattfindet oder die Abgeschlossenheit des Tores für die Geschichte in dessen möglicher Überschreitung und als Machtsymbol – eine gewaltige Kulisse – von Bedeutung ist. Diese Filmgattung exponiert dieses Motiv wohl immer von außen, zeigt ein fremdes Gut. Das dürfte für die große Mehrzahl der ›Filme mit Werktor‹ zutreffen.

Das Tor stellt seine eigene Kadrage her, definiert innerhalb des Bildrahmens einen eigenen Durchblick. Der Filmraum mag über Kameraperspektiven zerlegt, in verschiedene Einstellungsgrößen unterteilt und gegliedert sein – der Charakter des Tores als Grenze bleibt, die eine signifikante Linie durch die Szenerie zieht. Man kann diese Linie als eine Art Koordinate betrachten, auf die bezogen verschiedenartige Bewegungs-, Spannungs- und Konfrontationsfiguren inszeniert werden. Das Überschreiten der Werktorgrenze tritt vor Augen in Gestalt von alltäglichen Passagen an normalen Arbeitstagen. ›Ein Tag ist wie der andere‹: das bedeuten die Bilder zum einen, zum anderen wird im Herausströmen der Fabrikbelegschaft ein Potential sichtbar. Bilder des Arbeitskampfes zeigen massenhaftes Anstürmen, innere Turbulenz; die Gegenüberstellung von gegnerischen Gruppen bis zur Frontsituation; zu sehen sind auch ein Hin-und-Zurück (Arbeitsuchende werden abgewiesen) oder ein zeremonialer Austausch wie ein Stoffwechselprozeß in einem industriellen Arbeitsrhythmus.

Die Teilung der Tage des Arbeiterlebens geschieht durch dieses Spundloch des Betriebseingangs, über das unaufhörliche Hin- und Abfließen der menschlichen Kräfte verrinnt die Lebenszeit. Es kann kein Zufall sein, daß angesichts eines von oben gefilmten massenhaften Zuges der Belegschaft durch die Fabriktorverengung, zu sehen im Anfangsteil von Sergej Eisensteins *Streik* (Sowjetunion, 1924; Abb. 5), sich die Assoziation mit einem Stundenglas einstellt.

Ein Werktor im Rahmen einer dramatischen Inszenierung signalisiert ›Arbeitskampf‹, Kampf in verschiedenen Kombinationen: zwischen Belegschaft und Streikbrechern, Fabrikbesetzern und räumenden Ordnungskräften, Agitatoren und niederträchtigen Schlägerkommandos (so in Wsewolod Pudowkins *Die Mutter*, Sowjetunion 1926; Abb. 6).

7–10 Arbeitsuchende, Szene aus Slatan Dudows und Bertolt Brechts *Kuhle Wampe oder Wem gehört die Welt,* 1931.

11 Szene aus Fritz Langs *M. Mörder unter uns*, 1931. Der Kindermörder (Peter Lorre) ist von der organisierten Unterwelt aufgespürt worden. Er flieht in eine Fabrik. Nachts wird das Werktor verschlossen. . .

Der erste Teil des Films *Kuhle Wampe oder Wem gehört die Welt* von Slatan Dudow und Bertolt Brecht (1931) stellt die Suche nach Arbeit als Arbeit dar (Abb. 7–10). Nach dem Studieren von Stellenanzeigen im kostenlosen Lokalanzeiger fahren junge Arbeitslose von Betrieb zu Betrieb. Ohne Erfolg kommt der Fahrradkonvoi aus der Fabrik heraus, oder man dreht schon beim Pförtner ab, jagt wie im Wettkampf zur nächsten Adresse. Nach dem letzten Versuch gehen die Arbeitslosen, erschöpft ihre Räder schiebend, durch ein Werktor nach Hause. Entmutigt wirft einer die Zeitung weg (vgl. S. 116).[4]

Den historischen Fall einer internationalen Solidaritätsaktion von Bergarbeitern, eine Grenzaufhebung mit utopischem Ausblick zeigt der Film *Kameradschaft* von Georg Wilhelm Pabst (1931; Abb. 13).[5] Seine Geschichte basiert auf der Bergwerkskatastrophe vom 10. März 1906 im nordfranzösischen Courrières (Abb. 12). Über tausend Bergleute wurden getötet. Deutsche Rettungsmannschaften brachen am 11. März zur Unglücksstelle auf.

Ebenfalls im Jahr 1931 drehte Fritz Lang für *M. Mörder unter uns* die folgende Szene: Der Kindermörder Beckert (Peter Lorre), von der Polizei und der Verbrecherorganisation der Stadt gejagt, ist von den Kriminellen aufgespürt worden; ihre Spitzel folgen ihm bis vor einen Werkseingang, in dem er sich versteckt hat (Abb. 11). Nachts, das Tor ist verriegelt und der Gesuchte in dem Bürogebäude eingeschlossen worden, dringt ein Trupp der organisierten Unterwelt ein und durchsucht die Etagen.

Der Eingang der Phono-Fabrik in René Clairs Film *A nous la liberté* (Frankreich, 1933) ist ein charakteristisches Szenenbild für die moderne, futuristisch anmutende Filmarchitektur dieses frühen Tonfilms[6]: Statt einer Stempeluhr sieht man eine Art Zahnrad, an dem jeder Arbeiter zum Schichtbeginn seinen Code einstellt. Von oberhalb zieht der Aufnahmeapparat an den langsam einsickernden Menschenreihen entlang, vorbei an sieben numerierten schmalen Durchgängen, die an unbesetzte Kassenschalter erinnern – ein Vorgriff auf die heutigen Identifikationskarten-Eingänge. Die Arbeiter werden über die Eingänge separiert, im Vorhof des Werkgebäudes scheint die Teilung aufgehoben, dann verläuft die Bewegung der Ankommenden in die Richtung mehrerer schmuckloser rechtwinkliger Haupteingänge der Fabrikhalle.

Die bei René Clair ausgeformte Verbindung des Militärischen mit Modernität in Gestalt einer tayloristisch organisierten Industrie wird von Charles Spencer Chaplin in *Modern Times* wieder aufgegriffen (USA, 1936). Chaplin in einem Bretterhäuschen am Wasser, vor sich den Arbeitsmarkt einer Tageszeitung; er läuft über eine weite Fläche, der Stadt entgegen; vor einem breiten Gittertor am oberen Bildrand drängen sich bildfüllend die Arbeitssuchenden; unten im Bild erscheint auf einmal Chaplin, als letzter und ohne Aussichten; er beginnt sich hindurchzuwühlen, zu krabbeln, durch die Zwischenräume der Wartenden zu tauchen, bis im Gegenbild vom freien Werkhof aus Chaplin sich als letzter gerade noch durch den Spalt des geöffneten Tores hineindrückt, bevor man schließt und die ans Gitter gepreßte Menge zurückläßt.

Unsichtbar und als Grenzschauplatz übersprungen wird das Werktormotiv dann, wenn die Thematisierung des Konflikts an Bedeutung verloren hat. Die Entwicklung verläuft vom Bild eines architektonischen Ausdrucks von Konfron-

12 Dokumentarfoto der Bergwerkskatastrophe vom 10. März 1906 im nordfranzösischen Courrières.

13 Angehörige warten vor der Mine auf die verschütteten Bergarbeiter, Szene aus Georg Wilhelm Pabsts *Kameradschaft*, 1931.

tation und Parteinahme hin zu einer atmosphärischen Größe. Gesättigt mit den Bedeutungen des Arbeitskampfes, die Fabriktore im Verlauf ihrer filmischen Darstellung akkumuliert haben, geben sie allenfalls noch ein Hintergrundmotiv ab; es wird herbeizitiert, wofür es gestanden hat – die Art improvisierter Historienmalerei Andrzej Wajdas in *Das gelobte Land* (Polen, 1974) mag als ein gelungenes Beispiel dienen. Die Handlung zur Zeit der industriellen Gründerjahre in Lodz und Umgebung mit dem Schwergewicht auf der Baumwollweberei ist zudem inmitten authentischer Kulissen in Szene gesetzt.

Vereinzelt findet sich das Fabriktormotiv integriert in Bildern moderner, gesichtsloser Industriegelände. Orte und Gegenstände, Bauten und Geräusche erscheinen in Michelangelo Antonionis *Rote Wüste* (Italien, 1964; Abb. 14) fremdartig, abgelöst, als Objektkunst jenseits aller personalen Handlung und unter eine Regie der leblosen Dinge gestellt (vgl. S. 118). Die Fremdheit dieser Bilder korrespondiert mit den Personen, ist Reflex seelischer Zustände.

Anmerkungen

1 Georges Sadoul, *Louis Lumière*, Paris 1964, insbesondere zu Datierungsfragen der Filmversionen, S. 16–21; Bernard Chardère / Guy et Marjorei Borgé *Les Lumières*, Lausanne 1985.

2 Hans Hurch, ›Zu früh, zu spät – Gespräch mit Danièle Huillet und Jean-Marie Straub anläßlich der Uraufführung am 10. November 1981 in Berlin‹ (Teil 2) in *Falter, Zeitschrift für Politik und Kultur*, Nr. 2, Wien, 28. Januar 1982, S. 6 f.

3 Hervé Dumont, *Robert Siodmak. Le maître du film noir*, Lausanne 1981, S. 193–209 (Les Tueurs sont parmi nous. The Killers).

4 *Bertolt Brecht: Texte für Filme*, Band 1: *Drehbücher; Protokoll ›Kuhle Wampe‹*, Teil I: *Ein Arbeitsloser weniger*, protokolliert von Wolfgang Gersch und Werner Hecht, Berlin / Weimar 1971, S. 119 f.

5 Russel A. Berman, ›A Solidarity of Repression: Kameradschaft (1931)‹ in *The Films of G.W. Pabst. An Extraterritorial Cinema*, hrsg. v. Eric Rentschler, New Brunswick / London 1990, S. 117–124.

6 Donald Albrecht, *Architektur im Film. Die Moderne als große Illusion* (Originaltitel: Designing Dreams, New York 1986), übers. und neu hrsg. v. Ralph Eue, Basel / Boston / Berlin 1989, S. 63 ff. – Die moderne Bewegung im Film, u.a. über René Clairs Filmarchitekten Lazare Meerson.

14 Vor dem verschlossenen Werktor,
Szene aus Michelangelo Antonionis *Rote Wüste*, 1964.

Die Autoren

Jörg Becker, 1955, freier Autor, Berlin.

Uwe Drepper, 1952, Architekt BDA, büro west, Berlin/München.

Jens Eschrich, 1960, Kunsthistoriker, Berlin.

Peter Funken, 1954, Dr. phil., Kunstjournalist und Ausstellungsmacher, Berlin.

Katharina Semmler, 1935, persönliche Referentin des Generaldirektors im Kombinat Carl Zeiss Jena bis 31.7.1990, Jena.

Werner Siebel, 1941, Prof. Dr. phil., Hochschullehrer für Kultur- und Industriesoziologie, TU Berlin.

Georg Wasmuth, 1953, freier Architekt, büro west, Berlin.

Ulrich Wengenroth, 1949, Prof. Dr., Hochschullehrer für die Geschichte der Technik, München.

Ute Ziegler, 1964, Kunsthistorikerin, Berlin.

Siegfried Zielinski, 1951, Prof. Dr. phil., Hochschullehrer für audiovisuelle Medien an der Universität Salzburg.

Register

Kursive Ziffern sind Seitenverweise für Abbildungen.

Photonachweis

ADN-Archiv, Ulrich Burchert, Berlin 119 unten
AEG Firmenarchiv, Frankfurt am Main 8/9, 46, 47, 48, 49
Fritz Balthaus, Berlin 78/79
A. Behne, *Der moderne Zweckbau,* München / Wien / Berlin 1926 (Drei Masken Verlag) 50 unten
Behnisch und Partner, Stuttgart 42 oben
U. Berg-Ganschow / W. Jacobsen, *. . . Film . . . Stadt . . . Kino . . . Berlin . . . ,* Berlin 1987 (Argon Verlag) 138
Bergbau-Archiv beim Deutschen Bergbau-Museum, Bochum 95, 117 unten, 139 oben
Betriebsarchiv Carl Zeiss, Jena 98, 99, 100, 102, 104
Bildarchiv Preußischer Kulturbesitz, Berlin 24, 119 oben
Bilderdienst Süddeutscher Verlag, München 66/67
F. Blencke, *Alfred Krupp,* Leipzig 1898 (R. Voigtländer's Verlag) 56
P. Bloch / W. Grzimek, *Das klassische Berlin. Die Berliner Bildhauerschule im 19. Jahrhundert,* Frankfurt / Wien 1978 128, 129
M. P. Block, *Der Gigant an der Ruhr,* Berlin 1928 (Albertus-Verlag) 118
BMW-Firmenarchiv, München 33
T. Buddensieg, *Industriekultur. Peter Behrens und die AEG 1907–1914,* Bonn 1980[2] (Gebr. Mann Verlag) 25
büro west, München 65 unten, 73 unten
Michaela Buescher, Berlin 38 Mitte, 41 oben, 72
B. Chardère / G. und M. Borgé, *Les Lumière,* Lausanne 1985 (Bibliothek des Arts Paris) 132
Deutsches Museum, München 93 Mitte
Frank Döbert, Jena 105
Ehemaliges FDGB-Archiv, Berlin 117 oben
Firmenarchiv der AEG-Telefunken AG, Braunschweig 71
H. Friedel, *Kunst und Technik in den zwanziger Jahren,* Kat. Städtische Galerie im Lenbachhaus, München 1980 124, 125

L. Genier / H. Wiese-Benedetti, *Les Châteaux de l'Industrie*, Paris / Brüssel 1979 14 unten, 15, 22, 31

Paul Glaser, Berlin 53

Jozsef Hajdu, Budapest 19, 20 unten

Handel und Industrie. Wochenschrift für das ges. Wirtschaftsleben, Frankfurt 1928 93 oben

J. Hatcher, *The Industrial Architecture of Yorkshire,* Shopwyke Hall, Chichester Sussex 1985 10

W. Hildebrandt / P. Lemburg / J. Wewel, *Historische Bauwerke der Berliner Industrie*, Berlin 1988 59

Karsten Hintz, Berlin 40

Historisches Archiv Friedrich Krupp GmbH, Essen 16 unten

I. G. Farbenindustrie AG 26/27

Industrie und Technik in der deutschen Malerei von der Romantik bis zur Gegenwart, Kat. Wilhelm-Lembruck-Museum der Stadt Duisburg 1969 123

Ehemaliges Institut für Marxismus-Leninismus beim ZK der SED, Berlin 50 oben, 69, 114, 115, 116

Internationale Industrie-Bibliothek, Illustrierte Schriftenfolge über Musterbetriebe aller Länder, Pilsner Urquell, Jg. 5, Bd. 37, Berlin 1929 (Max Schröder Verlag) 21

J. Ivens / V. Pozner, *Lied der Ströme,* Berlin 1957 (Verlag Tribüne 112/113

Reinhard Janke, Hamburg 96/97

Kovompay János, Firmenjournal, *40 Éves a Dunai Vasmü,* Mercurius Kiadó 1000 38 unten, 39

Divald Karol, Budapest 16 oben

Alexander Kluge, München 74/75

W. H. Koch, *Das Ruhrgebiet so wie es war,* Düsseldorf 1964 (Droste Verlag) 54/55

Ingrid Krau, Bochum 106/107, 110, 111

Krupp 1812–1912, Jena 1912 (Gustav Fischer Verlag) 108, 109

Landesbildstelle Berlin 51

Mannesmann Demag AG, Duisburg 120/121

Märkisches Museum, Berlin 14, 15 oben

Michael Meyborg, Hamburg 93 unten

R. M. Möbius, *Bruno Buch, Industriearchitekt BDH,* in: *Reihe neuer Werkkunst,* Berlin 1929 26 oben

Museum für Verkehr und Technik, Berlin 86/87, 89, 126/127

Museum in Docklands Project, The Museum of London 11, 12, 13

Museum of London, Pictura Library 17

Sigrid Neubert, München 42 unten

Waldemar Pfeiffer, Berlin 20 oben

Presse- und Informationsabteilung der Rosenthal-Porzellan AG (Hrsg.), *Gropius baut für Rosenthal,* Selb 1965, (F. & A. Münch) 65 oben

H. Rimpl, *Ein deutsches Flugzeugwerk. Die Heinkel-Werke Oranienburg,* Berlin 1940 34

H. Rogge, *Fabrikwelt um die Jahrhundertwende am Beispiel der AEG Maschinenfabrik in Berlin-Wedding,* Köln 1983 (DuMont) 44/45, 68

Rosenthal, Firmenarchiv, Selb 36/37

R. Schmalor, *Industriebauplanung,* Düsseldorf 1971 (Werner-Verlag) 52, 64

H. Schmitt (Hrsg.), *Industriearchitektur in Karlsruhe,* Veröff. d. Karlsruher Stadtarchivs, Bd. 6, Karlsruhe 1987 23

E. G. Schmohl, *Ein Industriebau. Von der Fundierung bis zur Vollendung,* Berlin 1927 (Bauwelt-Verlag) 28, 29, 62 oben

Schwarzkopf Firmenarchiv, Berlin 30

Werner Siebel, Berlin 94

Siemens Museum, München 73 oben, 92

Ehemaliges Staatliches Filmarchiv der DDR 135, 137

Stiftung Deutsche Kinemathek, Berlin 130/131, 134, 139 unten

Jean-Marie Straub und Danièle Huillet 133

Studio Chevojon, Paris 18

H. Weber, *Walter Gropius und das Faguswerk,* Baumeister Bücher 3, München 1961 (Callwey Verlag) 32

Wego System AG, Salzkotten 41 unten

H. Wilhelm / J. Stoffels, *Die Steinkohlezechen,* Essen 1959 35

Sabine Wirsing, München 38 oben